一九〇四年（明治三七）　日露...まる
一九〇三年（明治三六）　出...
一九〇二年（明治三五）　...
一九〇一年（明治三四）
一九〇〇年（明治三三）
一八九九年（明治...
一八九八年（明治...
一八九七年（明治...
一八九六年　...支店開設
一八九五年　...結
一八九四年（明治二七）　日清戦...しまる
一八九三年（明治二六）　大浦に孔子廟建つ
一八九二年（明治二五）　海星学校創立
一八九一年（明治二四）　ロシア皇太子ニコライが長崎訪問。大津事件
一八九〇年（明治二三）　長崎でコレラ発生、全国に流行
一八八九年（明治二二）　大日本帝国憲法発布
一八八八年（明治二一）　大浦国際墓地を閉鎖、坂本国際墓地をつくる
一八八七年（明治二〇）　スターシェス・セミナリー（のちの梅香崎女学校）創立
一八八六年（明治一九）　中島川の変流工事完成
一八八五年（明治一八）　長崎市内にコレラ大流行
一八八四年（明治一七）　華族令を公布
一八八三年（明治一六）　日本銀行開業
一八八二年（明治一五）　長崎貿易会所を設立
一八八一年（明治一四）　加伯利英和学校（のちの鎮西学院）開校
一八八〇年（明治一三）　長崎県、外国人の遊歩区域を拡大
一八七九年（明治一二）　前アメリカ大統領のグラント将軍が長崎訪問。活水女学校開校

JN116239

新坂本国際墓地

ホーム・リンガー商会　ジャパン・ブルワリ・カンパニー　新坂本国際墓地

バート・ネール・ウォーカー (1851～1941)　P12・13　1873年来崎　1898年再来崎　R·N·ウォーカー商会　バンザイ炭酸飲料製造会社　1908年離崎

ロバート・ウォーカーJr. (1882～1958)　P13　R·N·ウォーカー商会　坂本国際墓地

エリザベス・ラッセル (1836～1928)　P21・37　1879年来崎　宣教師　活水女学校　1919年離崎

浦国際墓地

73年来崎　宣教師　加伯利英和学校　1915年エリザベス死去　1922年ジョン離崎　1928年ジョン死去　夫妻で坂本国際墓地に眠る

ジャーン・J・シーロ (1869～1912)　P36　1895年来崎　1909年離崎　1912年再来崎　商店主　ホテル・デ・フランス　坂本国際墓地

C・S・ロング (1850～1890)　P37　1880年来崎　宣教師　加伯利英和学校　1885年離崎

コーネリアス・H・フォック (1845～1883)　P39　1879年来崎　長崎医学校　大浦国際墓地

1878年来崎　高島炭鉱　三菱　坂本国際墓地

1884年来崎　商店　シナゴーグ　坂本国際墓地（ユダヤ人墓地）

1876年来崎　宣教師　出島英和学校　坂本国際墓地

オーガ・L・ジョーダン (1860頃～1918)　P43　1891年来崎　電気工学専門家　音楽家　新坂本国際墓地

アービン・コレル＆ジェニー・コレル　P48・49　1891年来崎　宣教師　鎮西学館　1897年離崎

1885年来崎　同年離崎　フランス海軍士官　作家　1900年再来崎　1901年離崎

居留地マップ

□□□□は旧外国人居留地の範囲

浪の平町

至小ケ倉・野母崎

小曽根町

国際観光ふ頭

499

長崎税務署

大浦警察署

ナガサキピース
ミュージアム

マリア園

松が枝町

ロシア領事館跡(P.22) ④

清涼飲料水
製造工場跡(P.12) ⑫

南山手乙9番館(P.22)
③

南山手町

長崎海洋気象台

十六番館

旧香港上海銀行
長崎支店(P.23) ⑥

旧長崎税関
下り松派出所
(P.22)
⑤

長崎伝統芸能館・くんち資料館

南山手8番館
グラバー園
入口

国際電信発祥の
地碑(P.57)

旧グラバー邸(P.7)

わが国ボウリング
発祥の地碑(P.58)

旧リンガー邸(P.9)

グラバー園

旧ウォーカー邸(P.13)

市営駐車場

東琴平(二)

旧オルト邸(P.11)

大浦天主堂

鍋冠山公園

南山手レストハウス

垂直エレベーター●

相生町

大浦町

出雲(二)

上田町

孔子廟(P.29)
(中国歴代博物館)

東山手洋風住宅群(7棟)

オランダ坂

下町

東山手

大浦東町

大浦小

東山町

出雲(一)

大浦国際墓地(P.38)

日の出町

N

↓至田上

2

長崎港

長崎港ターミナルビル■

長崎水辺の森公園

長崎出島ワーフ

長崎県美術館

長崎税関

499

浦海岸通

常盤町

出島和蘭商館跡■

出島表門橋

旧長崎内外倶楽部(P.7・8)

長崎電気軌道

メディカルセンター

❷旧長崎英国領事館(P.22)　運上所跡(P.22)

❶鉄道発祥の地碑(P.57)

出島町

江戸町

出島橋

梅香崎中

長崎市立市民病院
(長崎みなとメディカルセンター)

中島川

324

活水女子大

新地町

湊公園

❽東山手十二番館(P.23)

❼三角溝(P.23)　　●ピエール・ロチの寓居碑(P.51)

梅香崎町

新地中華街

星高・中

新町

十人町

館内市場

銅座町

銅座川

広済寺

十善会病院

籠町

●土神堂(P.28)

天后堂(P.28)●

唐人屋敷跡

館内町　●福建会館(P.28)

稲田町

西小島(一)

船大工町

仁田佐古小

●長崎(小島)養生所跡資料館

浜町

至茂木・田上↓

居留地を舞台に活躍した異国人たち
ここに暮らした人々の記憶

安政の開国により1859年(安政6)、長崎港が開港され、長崎の町に外国人のための居留地がつくられた。長崎港を見下ろす南山手・東山手の丘には、事業の成功を夢見て、はるか海を渡りやってきた異国の商人たちの邸宅が次々に建てられていった。

南山手のグラバー邸、リンガー邸、オルト邸を中心にして、長崎市内に残っていた6つの洋風建築を移築し、一帯を整備して開園したのが現在のグラバー園である。日本の近代化に大きく貢献した冒険商人たちとその家族の暮らしぶりや、明治初期の華やいだ長崎居留地の繁栄の記憶を、いまにつたえる貴重な遺産なのである。

鍋冠山公園から見た南山手のグラバー園

トーマス・ブレイク・グラバー Thomas Blake Glover

日本の近代化に大きな足跡を残す

スコットランド商人のグラバーは、明治の元勲となる若き志士たちと交流し、日本の近代化に大きく貢献した。彼が住んだ邸宅は、世界遺産「明治日本の産業革命遺産」の構成資産のひとつである。

トーマス・ブレイク・グラバー
(1838〜1911)
(長崎歴史文化博物館蔵)

グラバーが佐賀藩と共同経営した高島炭鉱。北渓井坑跡も世界遺産「明治日本の産業革命遺産」の構成資産のひとつ。

グラバーの業績
三菱創立期に顧問で活躍

　グラバーは造船、採炭、製茶など幅広い事業を展開した。近代洋式修船場(そろばんドック)や鉄道、採鉱用機器など、当時の最新技術を初めて日本につたえた。事業は、拡大の一途をたどったが、幕末の諸藩からの資金回収がとどこおり、倒産してしまう。グラバー商会の倒産後は岩崎弥太郎(いわさきやたろう)の紹介で三菱の顧問となり、ジャパン・ブルワリ・カンパニー(のちの「キリン麦酒株式会社」)の設立に関わった。1897年(明治30)に東京へ転居し、三菱の顧問として余生を送った。
　1908年(明治41)、明治政府は勲二等旭日重光章を贈り、彼の功績をたたえている。また、グラバーは1881年(明治14)から1887年(明治20)まで長崎でポルトガル領事を務めた。

坂本龍馬、伊藤博文らを支援し明治維新に貢献

　スコットランド出身のグラバーは、1859年(安政6)、長崎開港の年に21歳の若さで来日。同郷のK・R・マッケンジー経営の貿易支社に勤務した。1861年(文久元)にグラバー商会を設立。彼は流暢な日本語を話し、薩摩、長州、土佐藩の若い藩士らと接触。討幕派の擁護者として、坂本龍馬らに銃や戦艦などを大量に売り、薩長同盟など幕末の政治情勢に深く関わった。また、伊藤博文ら長州藩士の英国留学や五代友厚ら薩摩藩士の海外渡航の橋渡しをするなど、後年、明治日本の指導者となった若者たちに多大な援助をした。

グラバー邸に立つグラバー(長崎歴史文化博物館蔵)

グラバー邸 ①

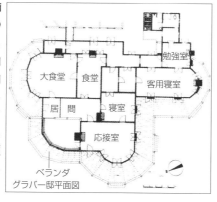

倉場富三郎(1870〜1945)
(長崎歴史文化博物館蔵)

息子富三郎の実業界での活躍

　グラバーは日本人の妻との間に2人の子どもをもうけた。ハナと富三郎である。富三郎は、日本姓を倉場(クラバ)と名乗った。彼は東京の学習院に進学した後、アメリカの大学に留学し生物学を学んだ。帰国後の1893年(明治26)にホーム・リンガー商会に入社し、長崎の実業界や社交界で活躍。居留地の外国人と長崎市民の交流の場である「長崎内外倶楽部」の創設者のひとりとして、1903年(明治36)に出島に本部を建設するため奔走。富三郎はリンガーとともにトロール船を輸入し漁法を導入し、日本の水産界に革命を起こした。また、1913年(大正2)雲仙にオープンした県営の雲仙ゴルフ場の開設にも尽力した。21年の歳月をかけて編纂し1933年(昭和8)に完成した約800もの魚類図鑑「グラバー魚譜」は有名である。

ハナの結婚式(長崎歴史文化博物館蔵)

勉強室
大食堂　食堂
客用寝室
居間　寝室
応接室
ベランダ
グラバー邸平面図

日本最古の木造洋風建築は和洋折衷

　グラバー邸は1863年(文久3)に建てられた日本最古の木造洋風建築。建物の設計と庭園の配置をグラバーが、建築を天草の大工の棟梁小山秀之進が担当したといわれる。建物はL字形の木造バンガローで、瓦葺きの扇形屋根、レンガ造りの煙突、天井付きの石畳の低いベランダなどが特徴のコロニアル風和洋折衷建築。
　1877年(明治10)からの数度にわたる改修で、現在の広い玄関ホールと廊下が設けられている。この邸宅は庭にあった一本の老松に因んで「Ippon matsu(一本松)」と呼ばれた。この松の木は枝や幹が曲がりくねっていたことから「よんご松」と呼ばれていたが、現在は残っていない。

参考文献　『グラバー家の人々 花と霜』ブライアン・バークガフニ(長崎文献社)
　　　　　『長崎県文化百選・海外交流編』(長崎新聞社)　　『長崎県文化百選・事始め編』(長崎新聞社)
　　　　　『時の流れを超えて-長崎国際墓地に眠る人々-』レイン・アーンズ+ブライアン・バークガフニ(長崎文献社)
　　　　　『長崎居留地 伝統的建造物群保存対策調査報告書』(長崎市教育委員会)

フレデリック・リンガー　Frederick Ringer

長崎での外国貿易の第一人者として活躍

イギリス人貿易商のリンガーは、長崎居留地で幅広く活躍しながら、英字新聞を創刊し、大浦海岸通りに一流の近代ホテルを経営した。

フレデリック・リンガー
(1840～1908)(長崎市提供)

**長崎経済の近代化と
ナガサキ・ホテル**

リンガーが手がけた事業は、製茶業、捕鯨を含めた漁業、保険および海運会社の代理業など多岐に渡った。対外貿易にも力を注ぎ、機械、造船材料、鉄板その他板ガラス、オレゴン松材、毛織物、洋酒などを欧米から輸入した。蒸気洗濯所、製革工場、新聞、ガス会社、麦粉工場、ホテル業などもおこない、長崎の経済と商社近代化にも大きな影響を与えた。

ナガサキ・ホテルは、リンガーが東洋一壮大なホテルの建設を計画し、1898年(明治31)大浦海岸通りに建てられたもの。外観はレンガ造りの三階建てで客室は50。125名を収容できるダイニングルーム、日本初の全室電話完備、自家発電、冷蔵設備を備えていた。

ホーム・リンガー商会の堅実経営多角化に成功

　イギリス出身のリンガーは茶検査官として中国に渡り、1865年(元治2)にグラバーの招へいで来日しグラバー商会に勤めた。1868年(明治元)に同郷のE・Z・ホームとともにホーム・リンガー商会を設立。グラバーが冒険商人とよばれたのにくらべ、堅実経営で事業家として成功を収め、長崎居留地での外国貿易の第一人者となった。彼はベルギー領事、デンマーク、スウェーデン、ハワイの代理領事を歴任。また、倉場富三郎の要請で、「長崎内外倶楽部」本部を出島に新築移転することに協力した。リンガー全盛期の1897年(明治30)には、日刊英字新聞「ナガサキプレス」を創刊している。

出島に残る長崎内外倶楽部①

The Hongkong Bank and Nagasaki Hotel, Nagasaki.

ナガサキ・ホテル(右奥の建物)『華の長崎』(長崎文献社)より

リンガー邸①

ホーム・リンガー商会のその後

　リンガーは1907年(明治40)帰郷中に死去した。その後、リンガー邸には子どもや孫たちが住み、ホーム・リンガー商会を引き継いだ。しかし1940年(昭和15)に長男フレッドが死去し、商会は閉鎖された。戦後、次男のシドニーが一時的に長崎に滞在し、リンガー邸に住んだことがある。

木骨石造で西向きの眺望

　リンガー邸は明治初期の建築で、外壁石造りの木造住宅。全面に角石の列柱。吹き放ちベランダ、格子天井が特徴の南欧風バンガロー形式の建物である。建築様式はオルト邸(P11参照)と類似しており、主屋は長崎港の眺望をえるため、グラバー邸(P7参照)やオルト邸と同じように西側を正面に向いて建っている。

リンガー邸平面図

正面の2室は左右対称

調理室
寝室　食堂
応接室　居間

リンガーの家族(左から次男、妻、長男、娘)(長崎市提供)

参考文献　『長崎県文化百選・海外交流編』(長崎新聞社)
　　　　　『時の流れを超えて-長崎国際墓地に眠る人々-』レイン・アーンズ+ブライアン・バークガフニ(長崎文献社)
　　　　　『長崎居留地の西洋人』レイン・アーンズ(長崎文献社)
　　　　　『長崎居留地　伝統的建造物群保存対策調査報告書』(長崎市教育委員会)

ウィリアム・オルト　　William John Alt

製茶事業で巨額の利益を得る

イギリス商人オルトは、製茶の輸出事業に成功して巨額の利益を得、長崎居留地時代の初期に最も活躍した外国商人のひとりであった。

ウィリアム・オルト（1840～1905）
（長崎市提供）

居留地の自治にも貢献

　オルトはグラバーと同じように、長崎居留地開設の最初の10年間で最も活躍した外国人商人のひとりで、製茶事業のほかにも海産物、船、兵器の売買で富を築いた。1861年（文久元）に居留地に商工会議所が創設された際、初代役員に選ばれ、翌年には居留地自治会の初代役員にも選ばれた。また自ら長崎居留地に消防車を1台提供するなど、居留地の自治と運営に大きく貢献している。

帰国後のオルトと日本の関係

　オルトは日本滞在中に多くの日本の美術品を買い集め一家でコレクションとした。その品々は帰国後に少しずつ美術館に寄贈したり売却したりして、ほとんどのコレクションを手放したという。また、彼は1892年（明治25）に発足したロンドン日英協会の初代会員になり、日本との関わりは帰国後もつづいていたのである。

大浦慶と提携し、茶の貿易で巨額の利益を得る

　イギリス出身のオルトは、開国とともに中国から長崎に来てオルト商会を設立。長崎の商人大浦慶（P59参照）と提携し茶の輸出事業をおこない、製茶事業で巨額の利益を得た。オルトは居留地開設初期の外国人のリーダー的存在で、商会の中心人物として活躍したが、長崎、大阪、横浜と13年間日本に滞在し、1871年（明治4）に健康上の理由でイギリスに帰国した。日本滞在期間が短かったため、彼のその後の消息は長い間途絶えたままだった。

別棟の厨房棟の裏にある岩盤をくりぬいた貯蔵庫①

入口から入り右手にある食堂①

Ⓚ小池徳久撮影　①inaho撮影

オルト邸Ⓚ

妻と娘が書いた記録からオルトの生涯が判明

オルト夫人のエリザベス（長崎市提供）

オルトは1863年（文久3）にイギリスへ帰郷した際、16歳のエリザベスと出会って結婚し、夫婦はしばらく長崎の新居に住んだ。6人の娘と2人の息子に恵まれたが、息子は2人とも戦死した。イギリスに帰国したオルトは68歳で死去。後に妻のエリザベスが日本滞在の思い出を記録し、娘のフィリスが両親の伝記を書いた。これらの資料がオルトの子孫によって受け継がれ、曾孫のモントゴメリー子爵夫人が1985年（昭和60）に来日した際、記録資料の編集版を長崎市に寄贈して、オルト商会経営の製茶工場の様子やオルトの生涯が知られるようになった。

日本最古の木香バラが玄関を飾る

オルト邸は1865年（慶応元）頃の建築で、天草の棟梁小山秀之進が手がけた。ベランダの列柱は、高い天井を支えるタスカン様式の石造円柱。前庭には噴水がある。主屋中央部に南北にのびる廊下があり、両側が客室となっている。主要な客室には浴室が付属している。裏手には厨房や貯蔵庫が当時のまま残されている。玄関にはポーチ（屋根付の車寄せ）があり、その横には日本最古で最大級の木香バラが茂っている。

オルト邸内に展示されている夫人の回顧録（複製）

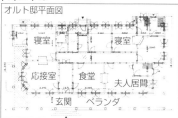

オルト邸平面図

参考文献　『長崎県文化百選・海外交流編』（長崎新聞社）
『時の流れを超えて-長崎国際墓地に眠る人々-』レイン・アーンズ＋ブライアン・バークガフニ（長崎文献社）
『長崎居留地の西洋人』レイン・アーンズ（長崎文献社）
『長崎居留地　伝統的建造物群保存対策調査報告書』（長崎市教育委員会）

ウォーカー兄弟

Walker Brothers

日本の海運業と居留地の実業界で活躍

明治初期に船長として来日したウォーカー兄弟は、日本の海運業発展と長崎居留地の実業界に貢献した。のちに兄は日本のビール業界草創期に重要な役割を演じ、弟は日本初といわれる清涼飲料水メーカーを設立した。

兄ウィルソン
ビール会社設立では筆頭株主に

イギリス出身のウォーカー兄弟は若くして船員になり、兄のウィルソンは1868年（明治元）に長崎へ。船長としてグラバー商会に雇われるが商会は倒産。その後、ホーム・リンガー商会の船の一等航海士として再び長崎に来た。のちに神

ウィルソン・ネール・ウォーカー
（1845〜1914）（長崎市提供）

戸で岩崎弥太郎に雇われ、「郵便汽船三菱会社」創立後は監督船長として上海—日本間の航路開設に尽力した。1885年（明治18）に退職し、ジャパン・ブルワリ・カンパニー（「キリン麦酒株式会社」の前身）の筆頭株主から支配人となり、日本のビール業界草創期に重要な役割を果たした。退職後は家族と長崎へ戻り、クリフ・ハウス・ホテルを購入。長崎居留地の実業界、社交界でも活躍した外国人のひとりである。

弟ロバート
「バンザイ炭酸飲料製造会社」設立

弟のロバートは、1874年（明治7）に兄ウィルソンが船長を勤める三菱商会の逢莱丸（らいまる）に一等士官として乗船した。西南戦争では「郵便汽船三菱会社」の平安丸の船長として政府に協力。のちに高千穂丸（たかちほまる）の船長として長崎に移り住

ロバート・ネール・ウォーカー
（1851〜1941）（長崎市提供）

んだが、不運な沈没事故で船長を退いた後、イギリスへ帰国した。1898年（明治31）、再び長崎に来て「R・N・ウォーカー商会」を設立。1905年（明治38）には、日本初といわれる清涼飲料水メーカー「バンザイ炭酸飲料製造会社」を設立した。ロバートは、長崎の外国人居留地における実業界の中心人物としても活躍し、晩年はカナダに移住。事業と邸宅は息子のウォーカー・ジュニアに譲った。

クリフ・ハウス・ホテル 『華の長崎』（長崎文献社）より

清涼飲料水製造工場跡①

ウォーカー邸Ⓚ

日本に帰化したジュニアとその家族

　ロバートは日本人と結婚した。ウォーカー・ジュニアは1882年（明治15）に次男として神戸に生まれ、一家が帰国後、イギリスで初等教育を受けた。ロバートの妻は36歳で死去し、イギリスのメリーポートの墓地に埋葬された。ウォーカー・ジュニアは1908年（明治41）に父ロバートの「R・N・ウォーカー商会」の共同経営者になり、ロバート引退後はひとりで経営にあたった。彼は日本に帰化、1937年（昭和12）に結婚し2人の息子をもうけた。第二次世界大戦中は憲兵の監視下に置かれ、経営状態は悪化。戦後は商会復活を望むことなく、1958年（昭和33）に死去した。

ロバート・N・ウォーカー・Jrと妻シゲコ・メーブル・ウォーカー

ロバート・N・ウォーカーの家族写真。右端がジュニア（長崎市提供）

ベランダに突き出た円形の入り口

　ウォーカー邸はロバート・N・ウォーカーの次男ウォーカー・ジュニアが1915年（大正4）に購入したもの。旧南山手町乙28番に明治中期に建てられ、のちに改造されたものをグラバー園に移築した。ベランダに突き出した円形の出入口が珍しい。建物の細部には和風の手法を施している。

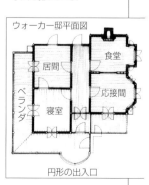

ウォーカー邸平面図

居間／食堂／応接間／寝室／ベランダ

円形の出入口

参考文献　『霧笛の長崎居留地　ウォーカー兄弟と海運日本の黎明』ブライアン・バークガフニ（長崎新聞社）
　　　　　　『長崎居留地　伝統的建造物群保存対策調査報告書』（長崎市教育委員会）
　　　　　　『華の長崎』ブライアン・バークガフニ編著（長崎文献社）

異国にも 来た詠め也 はるの旅

本馬 貞夫　長崎学アドバイザー

Sadao Honma

　元治二年（1865）春三月、唐津城下から長崎見物に来た茶の湯・俳句仲間の一行に、平松儀右衛門という人物がいた。その儀右衛門の「道中日記」に、長崎居留地に実際行って見聞したことが記録されているので紹介しよう。

　「男女打交り馬に乗歩行さま、女子ハ馬に腰かけたる風情にて横に體は向ケ足を揃へて乗ながら男に劣らず乗事妙を得たる也」とあるが、女性の乗馬の様子を想像していただきたい。馬にまたがらず、横座りの状態でよく乗りこなすとあって、幕末の古写真集にその姿を確かめることができる。もっとも外国人の乗馬によって交通事故が多発したため、長崎奉行所では、まず中国人の市中での乗馬を禁止し、続いて西洋人についても浦上新田に整備した馬場で乗るように指導した。さらに西洋人男女の観察が続く。「女子ハ都而腰より下ハ袴のやうなるもののハット広がりたるものを着したり」は勿論スカートのこと。夫婦は睦まじく、連れだって往来を歩いている。男女とも帽子をかぶり、髪は縮んで、その色は赤・黒、色白、キジの眼、背高く、歩くのが速いというのが、儀右衛門の見た西洋人であった。

　儀右衛門は外国人居留地全体の様子、洋風の建物も観察している。近年、長崎居留地関連の古写真がまとめて長崎大学付属図書館に収蔵され、居留地の発展段階も詳細になりつつあるが、日本人の見聞記もそれなりに貴重であろう。

　儀右衛門が見た元治二年当時は、かなりの数の商社・住宅が建ち並び、新築の洋館だけに美しい景観を呈していた。漆喰・瓦屋根にブリキの庇、鉄製の柱は、和洋折衷の洋風建築を表している。外国人施主の求めで、実際に建てたのは日本人大工・職人たちである。長崎居留地では土地の造成・建物の新築が続き、活気に満ちた時期であった。

　豪勢な邸宅には同居している日本人女性の衣装が欄干に干してあり、一方中国人の女性が子守りをして歩いている。その女性の足が太いのに対し、同じ中国人女性の纏足には儀右衛門もびっくりした。妙に詳しく生々しい記述が「道中記」にあって、例えば「尻を打振静に歩行、急ぐことなりがたき体」などと表現している。

　続いて完成したばかりの大浦天主堂を見て、最後はグラバー邸を見学した。T・B・グラバーは、同じイギリス人のW・J・オルトとともに幕末期の長崎居留地を代表する貿易商である。ゴロウル、ガラバとも表記される。案内の者は菓子箱を丁稚ニ持せて大浦のさる館（グラバー商会か）に立寄り、菓子箱を遣して手形をもらい、それよりグラバー邸へ出かけた。手形を示すと案内人が出て来

ジェンキンス夫人、英公使館G・R・ジェンキンス医師の夫人（『甦る幕末』＜朝日新聞＞より）

て邸宅内を見せてくれた。外国の珍しい品々に日本の品も交じって飾ってある。ガラス窓からさす光は明るい。もともとグラバー邸は、客人をもてなすバンガロー様式の迎賓館として建てられたもので、敷地内にある大きな一本松（ヨンゴ松）に特徴があった。後にグラバー一家の住居用に改造・増築され、現在にいたっている。

庭には「唐草和草取交」、「染附の植木鉢」、「ビイドロの屋根」などがみえる。和洋の草木を配した立派な庭園の様相が推測でき、ガラス屋根の温室もあったらしい。注目すべきは庭に大筒が10丁余も備え付けてあるという記述であるが、グラバー邸の庭園を撮影した古写真には本当に大筒が写っている。さらに警備員らしき人物もおり、実際に役立つものかは別にして、幕末の攘夷の風潮を意識してグラバーが備えたものであろう。

儀右衛門ら一行は居留地から出島の方へまわる。かつて鎖国時代、唯一西洋に開かれていた窓であった出島も「古び見る所もなし」と儀右衛門に書かれるようになった。この頃の出島は居留地に編入され、オランダ人に交じってプロシア人・中国人なども居住しており、居館が古い分見劣りしたのである。

以上、平松儀右衛門「道中日記」から抜粋した。

長崎居留地の整備から
近代化がはじまった

東山手

長崎市内小曽根地域地割図[東山手居留地]（明治10年代後半）（長崎歴史文化博物館・小曽根文庫蔵）

　背景の写真：南山手のグラバースカイロード展望所から見た現在の東山手

　1859年（安政6）に長崎港が開港されると、条約にもとづいて東山手・南山手を中心に外国人のための居留地が形成された。この長崎居留地に移り住んだグラバーなど外国人たちの手によって、海外の最新技術や設備が導入された。つまり、長崎港と長崎居留地の存在は、あらゆる分野における明治日本の近代化に、影響を与えていったのである。ここで、時代とともに移りゆく居留地の様子をたどってみよう。

南山手

長崎市内小曽根地域地割図［南山手居留地］（明治10年代後半）（長崎歴史文化博物館・小曽根文庫蔵）

長崎居留地はこうして完成した!

港を埋めた3回の造成工事

長崎居留地の造成工事は、通商条約を結んだ欧米諸国の外交団(特にイギリス領事)と幕府老中より指示を受けた長崎奉行所が現地交渉を重ねながら進められた。

明治新政府に引き継がれて全貌を現わした長崎居留地

　1859年(安政6)に第1次居留地造成がはじまり、長崎港の東岸に面した大村藩領の戸町村大浦とその周辺水域を埋立て、背後の東山手・南山手を造成し、1864年(元治元)第3次居留地造成完了まで続いた。維新後に造成工事を引き継いだ明治新政府は、大浦海岸通りの居留地をつなぐ橋を架設し、馬廻しの遊歩場(バンド)を整備して完成させた。1875年(明治8)の長崎県公式記録によると、外国人居留地は大浦・下り松・東山手・南山手・梅香崎、それに出島を加えた6地区(102, 350坪)と、中国人居留地として新地・広馬場の2地区(6, 900坪)に分けられていた。

造成工事の様子

イ)石橋
ロ)梅ヶ崎築地
ハ)小川(玉帯川、銅座川)
ニ)大川(中島川)
ホ)小川(俗称地獄川)

唐館
(唐人屋敷)

新地

出島

東山手

南山手

□ 1次造成工事(1860年完了)
■ 2次造成工事(1861年完了)
▨ 3次造成工事(1864年完了)

新大橋
梅香崎橋
出島新橋
出島遊歩場
下り松橋

1873年(明治6)頃の外国人居留地地図。
4つの橋は1869年(明治2)から翌年にかけて架設されたもの。

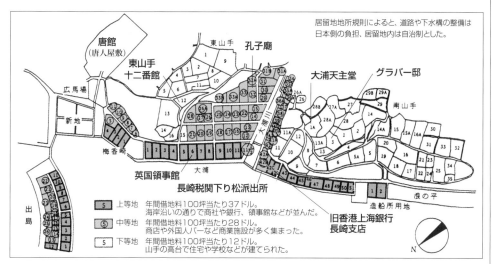

居留地地所規則によると、道路や下水構の整備は日本側の負担、居留地内は自治制とした。

唐館（唐人屋敷）
東山手十二番館
東山手
孔子廟
大浦天主堂
グラバー邸
南山手
広馬場
新地
梅香崎
英国領事館
長崎税関下り松派出所
旧香港上海銀行長崎支店
大浦
大浦川
造船所用地
渡の平
出島

	上等地	年間借地料100坪当たり37ドル。海岸沿いの通りで商社や銀行、領事館などが並んだ。
S	中等地	年間借地料100坪当たり28ドル。商店や外国人バーなど商業施設が多く集まった。
S	下等地	年間借地料100坪当たり12ドル。山手の高台で住宅や学校などが建てられた。

居留地造成の難工事を請け負ったのは天草の人々

　大浦の外国人居留地の第1次造成工事は、入江に幅と奥行きがある大浦を埋立てるもので、大がかりな工事であったため、近隣に請け負うものがいない状態だったといわれる。この最初の難工事を請け負ったのは肥後国天草赤崎村の庄屋であった北野織部とその一族の小山財閣。織部は、外国人と交渉しながら、弟の棟梁小山秀之進と協力して造成工事にあたった。兄弟は天草から多数の人夫を呼び寄せ、居留地の土地造成、建築工事を請け負っていった。不足した人夫は島原、大村などから雇った。一連の工事の建築材料には天草石が使用された。織部は1859年（安政6）9月から1860年（万延元）末までの事業の勤務記録を「埋地日記」として残している。日記には1860年（万延元）1月、土砂崩れで生き埋めになった9人（うち6人が天草人）中8人が亡くなったという悲惨な記録もある。長崎居留地造成工事は天草の人々の技術と協力なくして完成はなかったのである。

梅香崎の裏山から見た新地と出島（長崎大学附属図書館蔵）

長崎外国人居留地造成の関連年表

1857年（安政4）
外国人居留地の造成に備えて、大村藩領戸町村を公領とする

1858年（安政5）
5ヵ国とのあいだに修好通商条約を締結

1859年（安政6）
長崎、横浜、箱館の3港を開港し湊会所を設置

1860年（万延元）
第1次居留地造成完了（大浦地区）

1861年（文久元）
第2次居留地造成完了（下り松埋立て）

1863年（文久3）
湊会所を運上所と改める　居留地内に外国人による自治組織できる

1864年（元治元）
第3次居留地造成完了（大浦地区の拡大と梅香崎埋立て）

1866年（慶応2）
出島を外国人居留地に編入

1867年（慶応3）
出島遊歩場（海岸通りと馬廻し）の建設工事に着手　大政奉還

1868年（明治元）
居留地は幕府から明治政府に引き継がれる

1869年（明治2）
出島新橋、新大橋、梅香崎橋の3橋架設

1870年（明治3）
下り松橋架設

1893年（明治26）
第1期港湾改良工事終わる　出島は原型を失う

1899年（明治32）
条約改正により居留地撤廃　内外雑居となる

1904年（明治37）
第2期港湾改良工事終わる　出島に内外倶楽部の建物完成

参考文献　『長崎県文化百選・海外交流編』（長崎新聞社）　『長崎県文化百選・事始め編』（長崎新聞社）
『長崎居留地 伝統的建造物群保存対策調査報告書』（長崎市教育委員会）
『長崎外国人居留地の研究』菱谷武平/出島研究会　責任編集（九州大学出版会）
『長崎古写真集　居留地篇』（長崎市教育委員会）

古写真で見る明治期の長崎居留地
明治初期と中期の町並み発達の比較

長崎居留地は第3次までの造成工事を経て完成した。工事が完了した明治7年（1874）頃と、最も賑わい全盛を極めた明治20年代頃の古写真をくらべてみよう。

第3次造成工事が完了した明治7年頃の長崎居留地

大浦外国人居留地の街路
大浦海岸通りから一筋入った常盤町周辺。人力車用に舗装された道路や順序よく並ぶ街灯が写っている。（長崎大学附属図書館蔵）

明治9年に居留地に住んでいた外国人の記録

1876年（明治9）12月31日付の居留地の人口は全体で862名。
国籍別内訳は

中国人	616名	71.5%
イギリス人	131名	15.2%
アメリカ人	39名	4.5%
フランス人	21名	2.4%
ドイツ人	15名	1.7%
デンマーク人	13名	1.5%
ロシア人	8名	0.9%
オーストリア人	7名	0.8%
ポルトガル人	5名	0.6%
オランダ人	4名	0.5%
スェーデン人	3名	0.3%

となっている。
『長崎居留地外国人名簿』
（長崎県立長崎図書館編）

同年の長崎では、3月に長崎税関庁舎が新築され、9月に長崎地方裁判所が開庁、12月には大浦に三井物産会社長崎支店が開店した。1874年（明治7）の台風で全壊した県庁舎（木造2階建て4棟の洋風建築）の跡に新庁舎が建てられ、12月29日に開庁している。

大浦川沿いの居留地（長崎大学附属図書館蔵）
大浦川河口に架かる弁天橋と松ヶ枝橋が確認できる。

浪の平と長崎港（長崎大学附属図書館蔵）
南山手外国人居留地の南端から浪の平越しに望んだ長崎市街地。

東山手十二番館（長崎大学附属図書館蔵）
東山手の丘の右手に1868年（明治元）に建設されたといわれる東山手十二番館がある。ここにはのちにアメリカ領事館が入る。

居留地全盛の明治20、30年代の長崎居留地

　1887年（明治20）から1897年（明治30）頃にかけての長崎外国人居留地は、大浦と下り松の海岸通りに商社、銀行、領事館、ホテルの建物が並んだ。大浦の裏通りには、製茶所、製パン所、ホテル、理容院、洋装店が並び、モダンで賑やかな商店街を形成した。下り松の川沿いには入港中の船員らが集う外国人バーが軒を連ねた。梅香崎には税関、郵便局、電信局などがあった。その頃、東山手の丘はアメリカ人住宅が集中し、プロテスタントの学校や職員住宅が建っていた。いっぽう南山手の丘には荘厳な大浦天主堂が建ち、周辺にはイギリス人住宅が集中していた。1893年（明治26）には孔子廟が建設され、中国人も多く住んでいた。

明治20年代以降の長崎居留地

大浦川と両岸の町並み（明治20年代後半）（長崎大学附属図書館蔵）。大浦川河口の弁天橋と松ヶ枝橋は1889年（明治22）前後に木鉄混合のトラス橋に掛け替えられている。

浪の平一帯（明治20年代中期）（長崎歴史文化博物館蔵）。1887年（明治20）に新築移転した尋常鎮鼎小学校の建物が見える。この頃から南山手の居留地区画は満杯状態になってくる。

東山手のラッセル館と十二番館（明治20年前後）（長崎大学附属図書館蔵）右上には1882年（明治15）建設の活水学院（ラッセル館）と東山手十二番館が見える。十二番館下の敷地には空地が目立ち、オランダ坂がそのまま見えている。

明治28年に居留地に住んでいた外国人の記録

　東山手12番館の建物は、アメリカ領事館のほか、アメリカのメソジスト派の宣教師住宅としても使用された。

　1895年（明治28）の長崎居留地外国人名簿によれば、東山手12番館には宣教師で鎮西学館校長のアービン・コレル（アイ・エッチ・コーレルと記載）と妻子の8人家族が住んでいたと記載されている。これは妻ジェニー・コレルの弟ジョン・ルーサー・ロングが小説『マダム・バタフライ（蝶々夫人）』を発表する3年前の記録である（P.48・49参照）。

　また、同名簿には東山手13番館に活水学院を創設したエリザベス・ラッセル（エリザベス・ルッセルと記載）ら3人が住んでいたという記載もある。

『長崎居留地外国人名簿』（長崎県立長崎図書館編）

参考文献　『長崎大学コレクション1明治七年の古写真集　長崎・熊本・鹿児島』（企画・編集　長崎大学附属図書館　長崎文献社）
　　　　『長崎古写真集　居留地篇』（長崎市教育委員会）　『華の長崎』ブライアン・バークガフニ編著（長崎文献社）
　　　　『幕末明治期における　長崎居留地外国人名簿』（長崎県立長崎図書館編）『長崎市史年表』（長崎市）

いまの長崎で外国人居留地の
面影をたずねる散策コース

明治初期の長崎居留地には、西洋風の建物が建ち並び、ピーク時に800棟あまりあった。洋館群は、現在もおよそ40棟が残り、長崎の町並みに溶け込みながら当時の繁栄ぶりを静かに物語っている。居留地時代の面影をたどってみよう。

運上所跡（大浦海岸通り）　P3-① 地図

　安政の開国によりロシア、フランス、イギリス、オランダ、アメリカなどの国と自由貿易ができるようになった。築町にあった俵物役所内に外交事務の機関「湊会所（みなとかいしょ）」が設置され、その出先事務所である運上所（うんじょうしょ）があった場所。運上所はまもなく居留地造成工事のため俵物役所内に移転した。

運上所跡碑①

旧英国領事館（令和7年度まで閉館中）①

旧長崎英国領事館（大浦海岸通り）　P3-② 地図

　英国領事館は1859年（安政6）に開かれた。初代領事はホッジスンで、場所は大浦妙行寺に設置された。1908年（明治41）、この場所に現在の建物が新築された。ここではオーストリアとオランダの代理領事も兼ねて外交事務をおこなった。隣にはホーム・リンガー商会の建物があった。

南山手乙9番館①

南山手乙9番館（南山手）　P2-③ 地図

　明治初期にこの土地の永代借地権を取得したのは荷揚業者で英字新聞の会社を経営したイギリス人のチャールズ・サットン。ロバート・N・ウォーカーも1898年（明治31）からしばらく家族とここに暮らした。隣にはR・N・ウォーカー商会の倉庫があった。現在は長崎市須加五々道（すかごごどう）美術館となっている。

ロシア領事館跡①

ロシア領事館跡（南山手）　P2-④ 地図

　ロシア領事館は明治初期に南山手に開設され、一時移転したが、1875年（明治8）に再び南山手に設置された。同領事館は国交断絶で一時閉鎖されたが、再度開庁され帝政ロシア崩壊まで続いた。領事館跡の階段にその名残りがある。

旧長崎税関下り松派出所①

旧長崎税関下り松派出所　P2-⑤ 地図

　この庁舎は1898年（明治31）に建設されたもの。正面を海に向けて建てられた煉瓦造平家建、正面両端に三角破風（ペディメント）を見せた端正な意匠となっている。1998年（平成10）から2001年（平成13）にかけて半解体修理をおこない、現在は長崎市べっ甲工芸館となっている。

オランダ坂①

旧香港上海銀行長崎支店記念館（大浦海岸通り） P2-⑥ 地図

香港上海銀行長崎支店は1904年（明治37）に竣工。海岸から見て右隣はナガサキ・ホテル、左隣にはロバート・N・ウォーカー商会の事務所があった。この銀行にはポルトガル人アルミロ・C・ザ・ソーザが勤務した。彼は日本人女性と結婚し、長崎支店の主任に昇進したが、41歳で亡くなり新坂本国際墓地に眠っている（P34参照）。

旧香港上海銀行長崎支店①

三角溝（東山手） P3-⑦ 地図

平石を2枚合わせてV字に組んだ側溝を三角溝と呼ぶ。これは居留地造成時に造られたもので、南山手・東山手の道路脇の側溝によく見られる。水量の大小を問わず水が流れやすいように工夫されたもの。外国人居留地の大切な遺構として保存活用されている。

三角溝①

東山手十二番館（東山手） P3-⑧ 地図

1868年（明治元年）頃に建てられた東山手では最古の木造洋館。アメリカ領事館、活水女学校や鎮西学館で働くメゾジスト派宣教師の住宅として使用された（P20・21参照）。現在は旧居留地私学歴史資料館となっている。

東山手十二番館①

ロシア村跡（稲佐） P62-⑨ 地図

外国人居留地のあった大浦海岸の対岸の稲佐地区に設置されたロシア人居留地。1853年（嘉永6）にロシア使節プチャーチンが来航し、幕府によって上陸を許可されてから約50年間、稲佐はロシア戦艦乗組員の休養地となった。明治期の稲佐一帯は「ロシア村」と呼ばれ、ロシア人専用のホテル、西洋料理店、将校クラブなどがあった。

ロシア村跡①

参考文献　『長崎大学コレクション１明治七年の古写真集』（企画・編集　長崎大学附属図書館　長崎文献社）
『華の長崎』ブライアン・バークガフニ編著（長崎文献社）
『ウォーカー家の足跡調査にもとづく長崎居留地の通史的研究』ブラインア・バークガフニ
『長崎県文化百選・海外交流編』（長崎新聞社）　『長崎県文化百選・事始め編』（長崎新聞社）

外国人の技術遺産

伊王島灯台建設と金星観測

長崎居留地がもたらした近代化の中には、居留地を離れて足跡を残したものがあった。
その中から伊王島灯台建設と明治期の長崎でおこなわれた金星観測について紹介してみよう。

伊王島灯台でようこそ! 長崎の港へ
長崎居留地へ誘った九州初の洋式灯台

伊王島灯台①

灯台記念館となっている吏員退息所（職員宿舎）①

　1866年（慶応2）に幕府が4カ国と結んだ改税条約により、全国8カ所に日本の公式灯台が設置されることになった。六角形の伊王島灯台はそのひとつで、明治政府が雇ったイギリス人R・H・ブラントンが設計、施行した日本初の鉄造灯台であり、1870年（明治3）6月に初点灯し、翌年7月に第一等灯台として九州で初めて正式に点灯した。以来、夜間航行の船を長崎の港に導きつづけたが、1945年（昭和20）、原爆の爆風を受け傷んだため、1954年（昭和29）にドーム（灯室）を残して、新たに建て直され、2003年（平成15）に建設当初の六角形に復元された。

　灯台の近くには1871年（明治4）にブラントンが設計した吏員退息所（職員宿舎）の洋風建物があり、現在は灯台記念館として活用されている。この建物は日本初の無筋コンクリート造りといわれ、建築学上貴重な遺産とされる。100年以上の風雪に耐えてなお頑丈に建っており、灯台守の苦難の生活をしのぶことができる。

P62 地図

幻の鉄造灯明台の存在が判明

『灯明台一件』記載の設計図

　1868年（明治元）11月21日、ブラントンは灯台建設予定地を訪れた際、海岸に設けた基礎の上に鉄造六角形白色の灯明台が建っていたことを自身の著書に記した。この幻の灯明台について、1986年（昭和61）から伊王島町教育委員会（当時）が調査した結果、長崎県立長崎図書館に所蔵された『灯明台一件』という古文書の存在が判明した（現在は長崎歴史文化博物館蔵）。これによると長崎在住の英米仏蘭露5ヵ国の領事が、航海の安全のための目印灯の設置を長崎奉行に要望。奉行はとくにイギリス領事に設置を約束し、貿易商グラバーに鉄造の灯明台一式を注文した。ブラントンが見た灯明台は、領主の佐賀藩の許可を得て1868年（慶応4）6月22日に完成していたのである。

金比羅山にある長崎金星観測碑①

明治の金星観測は長崎でおこなわれた
ピラミッド型記念石碑と星取山の由来

　1874年（明治7）12月9日、金星の太陽面通過を観測するため、フランスとアメリカの天文学者の観測隊一行が長崎にやって来た。

　金星の太陽面通過の現象は105年ぶりのことで、天文観測史上、珍しい現象だった。欧米では条件が悪いため観測できず、フランス、アメリカ、メキシコは日本に観測隊を派遣し、長崎、神戸、横浜、東京を観測地に選んだ。

　長崎入りしたフランス隊は金比羅山烏帽子岳で観測して成功をおさめた。観測地には成功を記念してピラミッド型の石碑が建てられた。石碑に彫られた丸い太陽のレリーフの中に1点の豆粒ほどの刻印があり、太陽をよこぎる金星を表している。石碑のすぐ近くには長崎金星観測台の跡が残っている。

　いっぽうアメリカ隊は、大平山で観測をおこなうことにした。当時の長崎県令宮川房之によって、山頂までの道が造成された。観測小屋に観測機器が運ばれ、約1ヵ月間、山頂で観測訓練がおこなわれた。そのとき、日本初のプロカメラマン上野彦馬が、撮影助手として参加している。しかし当時の観測写真は一枚も残っていない。その後、大平山は「星を観測した」ことから通称「星取山」とよばれるようになり、1974年（昭和49）の町名改正の際、麓の町は星取山にちなんで「星取町」と名づけられた。

　なお、この金星観測のためにあらかじめ長崎市中に観測台が建てられたため、その年の諏訪神社の秋の大祭「くんち」の神興渡御の順路が変更になったというエピソードも残っている。

「我が国初の経緯度原点確定の地」の碑①

アメリカ観測隊が残したもうひとつの功績

　大平山で観測をおこなったアメリカ観測隊のジョージ・ダビッドソン隊長は、金星観測のほか、天文観測により長崎と東京との経度差の観測もおこない、日本最初の経緯度原点（チットマン点）の座標値を決定した。この功績をたたえて、現在金比羅山の長崎金星観測碑の横には記念碑が建てられている。

P62 地図

星取山の観測所跡①

参考文献　『長崎県文化百選・海外交流編』（長崎新聞社）　『長崎県文化百選・事始め編』（長崎新聞社）
　　　　『評伝上野彦馬―日本最初のプロカメラマン―』八幡政男著（武蔵野書房）
　　　　『長崎市史年表』（長崎市）　『我が国洋式灯台の夜明け―「灯明台一件」抄～』（伊王島町教育委員会）
　　　　『旅する長崎学7 近代化ものがたり1』（長崎県企画/長崎文献社）

唐人屋敷の中国人、新天地の外国人居留地へ

唐人船の入港が許されていた長崎の市中には来航した中国人たちが雑居していた。しかし、密貿易やキリスト教取り締まりのため、1689年（元禄2）、十善寺郷（館内町）につくられた唐人屋敷に集められた。安政の開国以降、外国人居留地ができて自由貿易が始まると、唐人屋敷は廃屋化し、1870年（明治3）に焼失。中国人の大半は、大浦外国人居留地や、のちにできる広馬場・新地の住宅へ移り住んだ。鎖国時代に出島とともに海外交流の窓口として大きな役割を果たした唐人屋敷は終焉を迎えた。

唐人屋敷の模型（長崎歴史文化博物館蔵）

唐人屋敷は1688年（元禄元）着工し、1689年（元禄2）に完成した。広さは約9,400坪で、出島（約3,900坪）よりも大規模であり、周囲に練塀と竹矢来で二重に囲まれていた。管理は長崎奉行所の委嘱をうけた地役人に任され、入口には大門と二の門の2つの門があり、外側の大門の脇には番所が設けられた。大門と二の門の間に乙名部屋、大小通事部屋、土蔵などが置かれていた。二の門の内部には唐人部屋や商店が建ち並び、一度に2,000人以上の居住が可能だった。内部は役人も立ち入ることのできない中国人専用居留地だった

①inaho撮影

石崎融思「唐館図絵巻」部分(長崎歴史文化博物館蔵)

長崎新地中華街の中華門(湊公園口南門)①

安政の開国で唐人屋敷は撤廃

大浦居留地そして広馬場・新地へ

唐人屋敷の中国人は、幕末まで銅や俵物（海産物）の貿易をほぼ独占的に扱ってきた。長崎港に入港する中国船は年間約200隻に達することもあり、唐人屋敷は活気と賑わいを見せた。しかし、安政の開国によりその特権を失ったのである。

籠町（十善会病院前）の居留地境票①

福建会館の歴史

1869年（明治2）、唐人屋敷廃止に伴い、福建省泉州出身者が商工団体である八閩（はちびん）会館を創設した。ここは商社の権益擁護と官署との交渉窓口となった。また、唐人屋敷が管理していた5堂（土神堂、天后堂、観音堂、仙人堂、聖人堂）と稲佐悟真寺の唐人墓地を継承し管理を行った。成立時の会員商社は、泰昌号、広隆号、徳泰号、裕豊号、裕源号、振豊号、裕興号、永豊号の8社だった。会館を設置した場所は聖人堂で、1888年（明治21）に焼失し、のちに天后堂として再建された。その際、八閩会館は福建会館と改称され、現在も存続している

中国人、大浦外国人居留地へ大移動

安政の開国以後、非条約国民扱いされた唐人屋敷の中国人は、商売の制限を受けるようになった。そのため活路を求めて大浦外国人居留地に進出し、欧米人が経営する商社に雇用され「外人附属（がいじんふぞく）」として合法的地位を確保する中国人も多かった。欧米人商社は経験豊富な中国人を雇うことで日本人との交渉事を円滑にし、いっぽう中国人は保護料を支払うことで地位と独立した仕事が保証されるという、両者の思惑が一致したのである。

福建会館①

土神堂①

天后堂①

唐人屋敷に滞在していた中国人は、まず大浦外国人居留地に移り住むものが現れ、それから広馬場や新地に移るものが出て、明治10年頃までに大浦在住者が広馬場や新地に再移動した。

不安定だった中国人の地位

　安政の開国以後、母国の清国が日本と条約を締結していなかったため、中国人の地位は不安定なものとなった。唐人屋敷は廃屋化し、新天地を求めた在留中国人は広馬場や新地の新しい居留地に移住し、中国人街を形成し貿易を再開していった。そして、1871年(明治4)の日清修好条規の締結で、居留地の借地権を得て、条約国民待遇となったのである。

孔子廟入口にある案内図

大浦外国人居留地に孔子廟を創建

　1893年(明治26)、清国政府(領事館)は在日華僑と協力して、大浦外国人居留地に、清国政府が認めた日本唯一の孔子廟を建設した。この建物は日本人職人が建てた本格的な中国建築。長崎と中国の交流の深さ、外国人居留地での中国人の活躍を考えると意義深い。

　現在の建物は1967年(昭和42)に大改修されたもので、一般公開されている。1983年(昭和58)には中国政府の協力で中国歴代博物館を新設、現在中国政府の日本唯一の常設博物館として、北京の故宮博物院の美術工芸品が展示されている。

孔子廟儀門①

孔子廟の72賢人像①

参考文献　『幕末・明治期における　長崎居留地外国人名簿』(長崎県立長崎図書館編)
『華人社会がわかる本』山下清海編著(明石書店)
『海路　第5号』海路編集委員会(海鳥社)

長崎に根づく中国文化

交流の歴史が生んだ食や祭り

長崎の伝統行事や祭り、食文化の中には、中国色にあふれたものが数多くあり、今も中国との深いつながりを身近に感じさせてくれる。ここではそのいくつかを紹介してみたい。

眼鏡橋を渡る媽祖行列（ランタンフェスティバル）①

長崎と媽祖の関わり

長崎と媽祖の関わりは、約400年前の唐船来航にさかのぼる。唐船は必ず航海安全の女神である「媽祖さま」を積んできた。「媽祖さま」は停泊中お堂に祀るのが慣わしで、船からお堂まで運ぶことを「媽祖行列」といった。この行列は江戸時代の長崎の町民には大変珍しいものに映り、石崎融思筆の「唐館絵巻」にもその様子が描かれている。

媽祖信仰の広がり

長崎歴史文化博物館に展示されている媽祖像

媽祖は今から約1千年前の宋時代の実在の女性といわれる。10代の頃から数々の奇跡を起こし人々の命を救い、28歳で昇天したのちに海上の保護神として祀られた。やがて宋代皇帝がこの伝説を知り、媽祖信仰は海運の発展にともない中国全土に広がり、清朝までの歴代皇帝が媽祖をたたえ祀ることになった。

媽祖堂の建立

江戸時代初期、長崎に3つの唐寺（興福寺、福済寺、崇福寺）が建立されたが、寄付者が主に唐船主であったので、寺院の一角に必ず媽祖堂が建てられた。やがて唐人屋敷が設置されると屋敷内に媽祖を祀った天后堂が建設され、唐人屋敷の撤廃後に福建会館天后堂が建てられた。長崎には今も4つの媽祖堂が残り、崇福寺では媽祖祭が毎年盛大におこなわれている。

**興福寺に残る
旧唐人屋敷門**

旧唐人屋敷内に遺存していたものを1960年（昭和35）に興福寺（長崎市寺町）へ移築したもの。材料は中国特産の広葉杉（コウヨウザン）で、構造や細部様式も中国独特のものであり、純中国建築として貴重な遺構である。建築年代は1787年（天明4）以降と推定されている。

旧唐人屋敷門①

土神堂
（どじんどう）

土神は土地や家を守る神様。1691年（元禄4）に唐船の船主らの希望で唐人屋敷内に建てられた。1784年（天明4）の大火で焼失し、のちに再建された。しかし、原爆の被害と老朽化のため1950年（昭和25）に解体され、石殿だけが残ったが、1977年（昭和52）に再建された。（P28参照）

なお、長崎の墓にはよく「土神」の石碑が祀られているが、これは他県地域ではあまり見られない風習である。

　Ⓜ松尾順造　①inaho撮影

石崎融思筆「唐館図絵巻」に描かれた媽祖行列の部分（長崎歴史文化博物館蔵）

龍踊り

長崎に溶け込んだ中国人の年中行事

　現在おこなわれている長崎の祭礼や年中行事の中には中国文化の影響を強く受けたものも少なくない。代表的なものには春のハタ揚げやペーロン、8月の盆や精霊流し、10月の諏訪神社の大祭長崎くんちの龍踊り、中国の旧正月にあたるランタンフェスティバルなど、ほぼ一年を通じて様々な行事がおこわれている。

中国から長崎に伝わった料理と菓子

　長崎には中国から豊かな食文化がつたわった。それは唐人屋敷時代以前の市中雑居の中国人が本国の料理を伝え広めたことにはじまる。1654年（承応3）に来日した黄檗宗の隠元禅師がつたえたといわれる普茶料理という精進料理や、丸テーブルで大皿に盛られた料理を出す卓袱料理などは、長崎の郷土料理として代表的である。そのほかにも季節の祭事に欠かせない中華菓子や、明治後期にできた福建地方の麺料理をアレンジしたチャンポンや皿うどんなどがある。

長崎の冬の風物詩「長崎ランタンフェスティバル」

　長崎在住の華僑の人々が、中国の旧正月（春節）を祝うための行事としてはじめた祭り。

　当初は「春節祭」として長崎新地中華街を中心におこなわれていたが、1994年（平成6）に規模を拡大して長崎市全体の祭りとしておこなわれるようになり、冬を飾る一大風物詩となった。市内にはランタン（中国提灯）が飾られ、清朝時代をイメージした「皇帝パレード」や江戸時代に実際におこなわれていた「媽祖行列」、中国獅子舞や龍踊りなどの催しがおこなわれる。

代表的な中華菓子。左から麻花巻（よりより）、金銭餅、月餅

参考文献　『長崎文化 65号』（NPO法人長崎国際文化協会）
　　　　　『長崎県文化百選・祭り・行事編』（長崎新聞社）
　　　　　『媽祖ものがたり』（長崎文献社）

長崎華人社会の形成と変遷について

陳東華　長崎福建会館理事長　　*Chin Touka*

長崎の華人社会は江戸時代に始まった

　1859年（安政6）に長崎、神奈川、函館が諸外国に開港され、つづいて兵庫、大阪も開港された。だが、長崎の華人社会の形成はこれよりはるかに早い江戸時代初期であった。

　長崎港は1570年（元亀元）、この地を支配する大村氏によりポルトガル船に開かれた。唐船が長崎に初めて入港したのは、それより8年前とされるが、中国人が実際に長崎に定住し華人社会を形成するようになったのは1600年ごろである。唐人貿易が盛んになるにつれて在住華人のなかから通訳などの貿易管理に携わる唐通事職が設けられたことや、稲佐山の麓に唐人共同墓地が開設されたことなどは、そのことを裏づけている。

　それから20数年後、唐船船主と在住華人たちは、幕府のキリシタン禁教に伴う仏教再興政策に応え、出身地ごとに興福寺（三江地方）、福済寺（福建南部）、崇福寺（福建北部）を建立し、貿易の円滑化を図った。

　1689年（元禄2）には唐人屋敷が完成し、それまで市中に散宿していた唐船船員はすべてここに収容された。これを境に、唐船船員と在住華人は明確に分離され、新規の定住は厳しく制限された。市中にいた唐通事と在住華人たちは3つの唐寺を中心に華人社会を維持したが、世代を重ねていくうちに華人社会の色彩は薄れ、現地社会に融合していった。

近代華僑を形成したのは安政開港以後

　1859年（安政6）の安政開港は、それまでの唐館独占貿易に終わりを告げた。この年に入港した3隻の唐船は、本国の拠点が戦乱に巻き込まれたため帰帆できず、乗組員は唐人屋敷にとどまった。かれらは祖国清国と日本の条約がなかったために非条約国民扱いされ、不利な立場におかれたことから、かれらの一部は唐人屋敷を抜け出して開設されたばかりの大浦外国人居留地に移り、「外国人附属」つまり欧米商社の雇用人という合法的地位を利用して貿易を継続した。

　これら唐館貿易の流れを汲む福建と三江※出身の商人に、1862年（文久2）ごろに欧米人に附属して新たに長崎貿易に参入してきた広東商人たちが加わって、近代における華僑が誕生した。

　1868年（明治元）、唐館処分と同時に新地が外国人居留地に編入されると、中心部に近いという優位な位置にあった新地は、唐人屋敷にいた中国人たちや先に大浦外国人居留地に進出した中国人たちが次々と集まってきた。新地はかつての倉庫群から比較的規模の大きな貿易商や雑貨商が軒を並べる街に変貌し、華僑社会の中心的地位を占めるようになった。

領事館の設置と孔子廟の建立

　処分となった唐館に代わる新たな組織として、福建商人たちは1869年（明治2）に福建会館を設立し、唐人屋敷跡地に残された歴史的遺産ともいえる土神堂・天后堂・観音堂などと稲佐の唐人共同墓地を継承した。

　これに並行して広東商人も同年に広東会所を発足させ、華僑の檀家を持たない聖福寺を

※三江とは現在の浙江（せっこう）、江西（こうせい）、江蘇（こうそ）、安徽（あんき）の4つの省のこと。（江蘇、安徽はむかし江南というひとつの省だった）

菩提寺とした。三江出身者が少数であったため発足が遅れ、1878年(明治11)になってようやく三江会所は成立をみた。

　日清修好条約が結ばれた1871年(明治4)から7年後に、長崎にも清国領事館が開設された。領事館の設置は、これまで本国政府の保護を受けることのなかった華僑社会にとっては画期的な出来事であった。1893年(明治26)に第四代張桐華領事の提唱のもとに、華僑総力をあげて孔子廟が建立され、1905年(明治38)には華僑子弟の教育の場として長崎華僑時中小学校が廟内に併設された。また、1907年(明治40)には福建・広東・三江の会所を基礎とし、長崎における華僑の中心団体として長崎華商商務総会の成立をみたのである。

華僑貿易商の引き揚げ

　明治以降の長崎と中国貿易は、横浜、神戸などに押され凋落傾向をたどったが、長崎・上海航路の開設などもあって華僑貿易商は日中貿易の継続に尽力した。しかし、日中戦争勃発で貿易が中断した煽りで、経済的打撃を受けた華僑貿易商のほとんどは本国への引き揚げを余儀なくされた。

　第二次世界大戦の後、かつて貿易商の街であった新地は、それまでサービス業や行商に従事し引き揚げを免れた華僑たちが移り住むことで一変し、徐々に今日の新地中華街のイメージを色濃くしていった。

　江戸時代から長崎に綿々と根付いた中国文化が、大きな花を咲かせ、今日のランタンフェスティバルとして実を結んだといえるだろう。

写真上:1913年(大正2)、福建会館でおこなわれた孫文の歓迎行事(陳東華氏提供)
写真下:孔子廟内に併設されていた1921年(大正10)頃の長崎華僑時中小学校(陳東華氏提供)

長崎の国際墓地に眠る 20カ国1500人の人々

長崎市には3カ所の国際墓地がある。ここに中国人、オランダ人、ロシア人、イギリス人、アメリカ人など、20カ国1500人を超える人々が永遠の眠りについている。墓碑には、日本の近代化に貢献した外国人や、事件、事故、病気などで亡くなった外国人の名前が刻まれている。長崎の国際墓地の墓碑群は、海外交流で繁栄してきた長崎の歴史の一面を、静かに語りかけてくるようである。

新坂本国際墓地にあるポルトガル人アルミロ・ザ・ソーザの墓碑。彼は香港上海銀行長崎支店に務めたが41歳で死去した。

ⓚ 小池徳久撮影

新坂本国際墓地のグラバー家（右）と倉場家（左）の墓碑

墓碑は静かに語りかける

長崎に眠る人々の知られざるドラマ

長崎の国際墓地は、居留地に暮らした20カ国1500人を超える人々それぞれの夢と希望、栄光と挫折の物語が詰まった、人生の縮図のような場所である。そこで、故あって長崎の地に眠る人々の中から印象的な物語をいくつか紹介してみよう。

長崎居留地の天国と地獄を味わった男 ジャーン・J・シーロ

フランス人シーロが長崎にやって来たのは、長崎居留地が全盛期にさしかかった1895年（明治28）のこと。彼は貿易商社に4年間勤務して独立し、フランス海軍の御用商人とパン屋を兼業した。この頃フランス系日本人女性と結婚し私生活も充実、事業は順風満帆だった。勢いに乗った彼は大浦の孔子廟の隣に「ホテル・デ・フランス」を開業したが、1904年（明治37）の日露戦争の勃発で宿泊者が激減し、ホテルは義弟に売却。1909年（明治42）に一家は逃げるように韓国に渡った。彼はそこで重病を患ったが、心の平安と終のすみかを「希望の地長崎」に求めて再来日し、2日後に死去した。シーロは坂本国際墓地に眠っている。 P43 地図

ジャーン・J・シーロの墓碑①

異国の海や港で亡くなった人々　ケープ・シティー号の悲劇

レベッカ・ウェザラルの墓碑①

上海のホプキンズ・ダン商会の帆船ケープ・シティー号が長崎港に寄港したのは1891年（明治24）9月。飽の浦沖で積荷をおろし、積み替えの石炭の到着を待っている時、突風が吹き船は傾き沈没した。この事故でケープ・シティー号に乗船していたイギリス人船長R・H・ウェザラルの妻レベッカ・ウェザラルとドイツ人の二等航海士フリッツ・ハンセンが溺死した。2人の墓は坂本国際墓地に建っている。なお船長R・H・ウェザラルは、事故で妻を亡くした上に、イギリス領事館から過失のため有罪を言い渡され、失意のどん底を味わった。 P43 地図

グラバー邸で人生を終えた実業家 ケネス・R・マッケンジー

ケネス・R・マッケンジーの墓碑①

スコットランド生まれのK・R・マッケンジーは、1859年（安政6）に中国から長崎に来た。長崎居留地が整備される以前に大浦の民家を借り、そこをフランス領事館とし初代領事に就いた。同時にジャーディン・マセソン商会の代表やP&O汽船商会の代理人としても活動した。1861年（文久元）、彼が中国へ戻る際、グラバーがジャーディン・マセソン商会の代理人となっている。マッケンジーは6年後に再び長崎に来て、グラバーの仕事上のパートナーとなり、大阪支社長としてグラバー商会を手伝ったが、1873年（明治6）、体調を崩して長崎に戻り古い友人の住むグラバー邸で死去した。グラバーは事業の辛苦をともにした彼の最後に際して懸命に看病したという。 P39 地図

Ⓚ小池徳久撮影　①inaho撮影
背景の写真は坂本国際墓地の墓碑に刻まれた十字架

「妻の眠る長崎」へ　宣教師デビソンの遺言

　1873年（明治6）、プロテスタントのメソジスト監督教会から日本へ派遣されたアメリカ人宣教師ジョン・デビソンは、3ヵ月前に結婚したばかりの新妻エリザベスと2人で長崎の地を踏んだ。彼は翌年、出島メソジスト教会を建設し宣教活動を続けた。その頃、キリスト教の日本布教には教育が重要であると考えたデビソンは、伝道局に学校開設のための人材派遣を要請した。その甲斐あって1879年（明治12）11月にはエリザベス・ラッセルとジニー・ギールが来日し、その年の秋に活水女学校を開校するに至った。翌年にはC・S・ロングが来日し、加伯利英和学校（のちの鎮西学院）が開校されることになり、デビソン夫妻は一時帰国するまでそこで教鞭をとっている。

　デビソン夫妻が再来日を果たしたのは1883年（明治16）のこと。デビソンは横浜、長崎、東京、熊本などで総括責任者として布教活動をおこない、鎮西学館で教鞭をとった。

　時は流れて1915年（大正4）、当時熊本在住だった妻エリザベスは、中国に住む娘を訪問、その帰途の睡眠中に急死した。悲報を受けたデビソンは長崎に到着した妻の遺体と対面。追悼礼拝が活水女学校と銀屋町のメソジスト教会でおこなわれ、エリザベスの遺体は坂本国際墓地に埋葬された。

　その後、日本での布教活動を終えたデビソンは、娘メイベルとカリフォルニアで暮らすため離日し、1928年（昭和3）に84歳で死去した。生前のデビソンは娘に次のような内容の遺言を残していた。「わたしの遺体は妻の眠る長崎の墓地のかたわらに納めてほしい」。日本各地で宣教活動に明け暮れたデビソンが、永遠の眠りの地として選んだのは、新婚時代、布教活動に情熱を傾け、家族とともに平穏に暮らした「長崎」という居留地のあった場所だった。デビソン夫妻は、いまも仲良く坂本国際墓地に眠っている。

P43　地図

デビソン夫妻の墓碑①

「オランダ坂」を造成した ニールズ・ルンドバーグ

　スウェーデン生まれのルンドバーグは、1859年（安政6）に24歳で長崎に来航した。しかし母国が安政の条約国に含まれていなかったため、一計を案じイギリス人風の「チャーリー・ブラウン」という偽名を使い、まんまとアドリアン商会に勤務することに成功した。その後オルト商会やホーム・リンガー商会、高島炭坑など次々に転職し、1883年（明治16）ついに独立を果たし「C・ブラウン商会」を立ち上げ会社を売却するまで活躍した。

　1903年（明治36）に死去し坂本国際墓地に眠る彼は、生前、居留地のボートレースやビリヤードに興じ、その人柄は長崎居留地在住の外国人に親しまれ慕われていたという。

　また彼のもう一つの功績は、大浦海岸通りから東山手に通じる現在の「オランダ坂」の切り通しの造成。火薬を使い自費で岩壁を開削し通路を貫通させたといわれる。

P43　地図

ニールズ・ルンドバーグの墓碑①

参考文献　『時の流れを超えて-長崎国際墓地に眠る人々』レイン・アーンズ＋ブライアン・バークガフニ（長崎文献社）
　　　　　『長崎居留地の西洋人』レイン・アーンズ（長崎文献社）
　　　　　『長崎異人街誌』浜崎国男（葦書房）
　　　　　『旅する長崎学5　キリシタン文化Ⅵ』長崎県企画／長崎文献社）

大浦国際墓地

地図:
至大浦海岸通り
大浦天主堂／石橋電停
グラバー園／大浦小
大浦郵便局
至田上・星取
川上町
大浦国際墓地
出雲町浄水場
至上戸町

無名の船員たちが多数眠る

　1861年（文久元）、イギリス領事らからの国際墓地新設の要求を受けて、日本側が居留地の近隣地（現在の川上町）に開設したのが大浦国際墓地。ここに埋葬された人々の多くは、停泊中の病気や事故で亡くなった無名の船員たちである。その後、飽和状態になった墓地は、1888年（明治21）に閉鎖された。

錨型の墓碑が立つ ①

イカルス号事件の乗組員

ロバート・フォードとジョン・ハッチングス

　1867年（慶応3）7月6日、イギリス船イカルス号の乗組員の2人が、長崎の丸山の路上で酩酊（めいてい）し寝ていた。そこへ通りかかった武士が2人を切り殺してしまった。イギリス領事は坂本龍馬率いる海援隊の仕業とみて、逮捕を要求したが、長崎奉行所は証拠不十分と判断。イギリス総領事パークスはなおも強く抗議して、アーネスト・サトウを団長とする公式代表団を長崎に派遣し、この事件は国際問題にまで発展した。その後、真犯人は福岡藩の武士であることが明らかになった。

フォードとハッチングスの墓碑 ①

ジェームズ・ミッチェルが建てた石像

ミッチェル3兄弟

　大浦国際墓地にはひときわ人目を引く等身大の石像が建っている。スコットランド出身の船乗りであったウィリアム、ジョージ、アンドルーのミッチェル3兄弟を偲び、船大工で弟のジェームズ・ミッチェルが建てた記念碑である。アンドルー・ミッチェルは、船長をしていたイギリス帆船が1874年（明治7）に五島沖で難破し死亡している。

　ジェームズ・ミッチェルは1859年（安政6）に長崎に来て、浪の平に造船所を設立し、最初に手がけたのはウィリアム・オルトの発注で造ったヨットだった。これが日本初のヨットである。また、ジェームズは後にトーマス・グラバーの小菅修船場（そろばんドック）の建設を手伝っている。

ミッチェル兄弟の墓碑 ①

　①inaho撮影

長崎大学医学部の基礎づくりに貢献

コーネリアス・H・フォック

　フォックは1845年生まれのオランダ人医師。オランダで開業医をしていたが、日本政府のもとで働くために来日した。1879年(明治12)から長崎医学校附属病院の院長として勤務した。その後一時帰国するが、1882年(明治15)に同病院の院長に復帰するため再来日。出島に自宅を構えたが、翌年、37歳で死亡し、葬儀は大浦天主堂でおこなわれた。彼の日本への貢献と長崎大学医学部の基礎づくりに尽力した功績をたたえて、碑文は日本語で刻まれている。

コーネリアス・H・フォックの墓碑 ①

偉大なるテナー歌手

アゴスティノ・パンニョニ

　パンニョニは、イタリア人の有名なオペラ歌手。1884年(明治17)、長崎居留地でのオペレッタ公演のため66歳で来日したが、滞在中に南山手のベルビュー・ホテルで急病のため亡くなった。仲間によって建てられた墓碑には「偉大なるテナー歌手」と刻まれた。

アゴスティノ・パンニョニの墓碑 ①

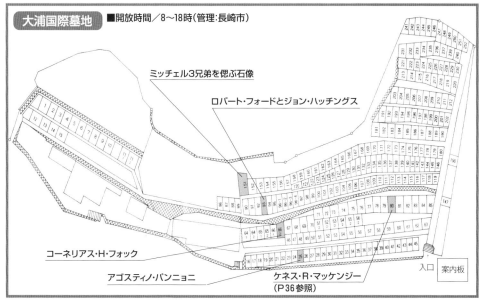

大浦国際墓地　■開放時間／8〜18時(管理:長崎市)

ミッチェル3兄弟を偲ぶ石像

ロバート・フォードとジョン・ハッチングス

コーネリアス・H・フォック

アゴスティノ・パンニョニ

ケネス・R・マッケンジー
(P36参照)

入口

案内板

参考文献　『時の流れを超えて-長崎国際墓地に眠る人々-』レイン・アーンズ＋ブライアン・バークガフニ(長崎文献社)
『長崎居留地の西洋人』レイン・アーンズ(長崎文献社)

稲佐悟真寺国際墓地

至稲佐山
稲佐小
稲佐橋
206
JR長崎本線
稲佐悟真寺
国際墓地
悟真寺
稲佐警察署
202
JR長崎駅

長崎最古の中国人墓地から
ロシア人墓地まで

悟真寺(ごしんじ)は1598年(慶長3)創建の仏教寺院で、16世紀末に来航した中国人が檀家となり唐人墓地を開設した。その後江戸幕府の鎖国政策により、1641年(寛永18)に平戸から出島にオランダ商館が移転され、悟真寺の墓地の一画に出島に住むオランダ人のための墓地が割り当てられた。また、1858年(安政5)、ロシア戦艦の乗組員埋葬のためにロシア人墓地も建設された。異文化を受け入れてきた長崎らしさが感じられる。

現存する最古の中国人墓碑

悟真寺の中国人(唐人)墓地は、江戸初期に有力唐人の歐陽華宇と張吉泉が、悟真寺を菩提寺にして百間四方の墓地の敷地を定めたことにはじまる。現在約230基の墓があり、福建省出身の墓が6割を超えている。最も古いものに1627年(寛永4)の墓が2基確認されている。

蘭見江の墓碑は中国人墓地最古のもの①

ヘンドリック・ダークープの墓碑に刻まれた羽の付いた砂時計

日本最古の西洋人の墓

ヘンドリック・ダークープ

　ダークープは、出島オランダ商館の副商館長や商館長を務めていたオランダ人。1778年(安永7)7月、出島のオランダ商館長として着任するため、オランダ船に乗っていたが、航海中に急病のため死去した。遺体は長崎に到着後すぐに悟真寺に埋葬され、オランダ人の手で盛大な葬儀がおこなわれた。彼の墓碑には羽の付いた砂時計や十字架と子羊の模様が刻まれたが、寛政年間(1789-1801)に著された司馬江漢(かん)の『西洋旅譚(さいゆうりょたん)』の中に墓石の挿し絵が描かれている。この墓石は日本に現存する最古の西洋人の墓である。その大きさには驚かされる。

『西洋旅譚』に描かれたダークープの墓碑

挿入文の要約／オランダ人の墓が悟真寺にある。ヅウルコプというカピタンの墓である。彼の母国の作法で弔われ埋葬されている。碑には金色の文字が彫られている。上には時計が刻み込まれていることから時間は尽きることをたとえている。このように彼の国はたとえを教えとすることが多い。絵もたとえと言える。羽のついた人物や異形の者の絵があるが、みなたとえ話を絵に描いたもので、これまで羽のある人物など見たことがない。

①inaho撮影
タイトル背景の写真は稲佐悟真寺国際墓地入口にある境内古地図パネル(長崎西ライオンズクラブ寄贈)

教育者フルベッキの夭折した長女

エマ・J・フルベッキ

　オランダ人宣教師のギード・フルベッキと妻マリアの長女は、1860年（万延元）に長崎で産声をあげ、日本にちなんでエマ・ヤポニカ・フルベッキと命名された。しかし、わずか2週間後に夭折し、悟真寺のオランダ人墓地に埋葬された。フルベッキは1859年（安政6）にアメリカ改革派教会から長崎に派遣され、幕府の洋学所や佐賀藩の藩校（致遠館）で英語教育をおこなった人物である。のちに明治政府に雇われて上京し教育者として活躍、現在の東京大学設立の基礎を築いた。夫妻はのちに7人の子どもに恵まれたが、そのうちの1人の女子にエマと名づけている。

エマ・J・フルベッキの墓碑 ①

ロシア人墓地　コレラ発生で墓地を造成

　プチャーチンがロシア使節として来航した翌1858年（安政5）、長崎港に入港していたロシア戦艦でコレラが発生した。このとき亡くなった乗組員を埋葬するために造られたのがロシア人墓地。のちにロシア正教の白いチャペルが墓地の目印となった。なお、コレラは当時長崎市中から江戸まで広がり大流行している。

　1991年（平成3）、当時のゴルバチョフ　ソ連大統領もここを訪れた。

ロシア正教のチャペル

悟真寺のオランダ人墓地

国際墓地の管理者は悟真寺。入る場合は許可が必要。

参考文献　『時の流れを超えて-長崎国際墓地に眠る人々-』レイン・アーンズ+ブライアン・バークガフニ（長崎文献社）
　　　　『長崎居留地の西洋人』レイン・アーンズ（長崎文献社）
　　　　『長崎県文化百選・海外交流編』（長崎新聞社）

坂本国際墓地・新坂本国際墓地

居留地全盛期に活躍した人々

坂本国際墓地は、1888年(明治21)、大浦国際墓地が満杯状態を理由に閉鎖されたため、浦上山里(現在の目覚町)に開設された。以後長崎居留地に住んだ外国人が埋葬される場所となった。広大な敷地にはカトリック教徒の墓地、ユダヤ人墓地、フランス人兵士のための墓地などが整備された。1903年(明治36)には道を挟んだ反対側の敷地に新坂本国際墓地(現在の坂本町)が造られた。

グラバー家ゆかりの人々が眠る場所

アルフレッド、マーサ、トーマスの墓碑 ①

　新坂本国際墓地には、トーマス・ブレイク・グラバーと妻、息子の倉場富三郎とその妻が眠っている。隣接する坂本国際墓地にはグラバーの弟アルフレッド・グラバー、妹マーサ・ジョージ、甥トーマス・ベリー・グラバーが埋葬されている。アルフレッドは1867年(慶応3)に長崎に来て、グラバー商会、高島炭鉱、ホーム・リンガー商会などに勤務した。マーサは1895年(明治28)に姪ハナの家庭教師として長崎に来て、ハナの結婚後も南山手のグラバー邸に住んだ。トーマスはカルカッタの商社に勤務していたが、スコットランドに帰郷の途中に寄港した横浜で急死した。(P6・7参照)

日本の近代化に貢献した技師

ジョン・M・ストダートの墓碑 ①

ジョン・M・ストダート

　1854年スコットランド生まれのイギリス人技師。1878年(明治11)にトーマス・グラバーに招かれて高島炭鉱の監督官として長崎に来た。1881年(明治14)に三菱が炭鉱を買収してからは三菱に雇われ、池島、松島など九州各地の炭鉱開設に関わり、日本の近代化に大きく貢献した。しかし、1892年(明治25)に36歳の若さで病没。スコットランド人の妻と短い新婚生活を送ったのは、南山手甲27番地の居宅であった。

ユダヤ人社会があった名残りをとどめる墓

レスナーの胸像 ①

ジークムント・D・レスナー

　ルーマニア生まれのレスナーは、25歳のときに長崎に来て、家族で梅香崎の食料品店を経営した。父リオは長崎在住ユダヤ人の宗教的指導者。やがてレスナーは長崎居留地におけるユダヤ人社会に影響力のある事業家となり、1892年(明治25)に坂本国際墓地の敷地にユダヤ人墓地を購入した際には、資金調達に奔走。1896年(明治29)に梅香崎に設立したシナゴーグ(教会)の建設にも協力した。レスナーは1920年(大正9)に60歳で急死したが、その墓石の上には彼の偉大な功績をたたえて、長崎国際墓地で唯一胸像が据えられている。

長崎の女子教育に情熱を注ぐ
イライザ・グッドオール

イライザ・グッドオールの墓碑 ①

　グッドオールはインドで牧師をしていた夫の死後、1876年(明治9)、イギリスに帰国する途中で長崎に寄港。その際、「聖三一教会」のモンドレル牧師の活動に感銘し、長崎に留まって「出島教会」の名誉宣教師として16年間奉仕活動をおこなった。1878年(明治11)に設立された「出島英和学校」で英語を教え、また、1879年(明治12)には女子塾(のちの「長崎女学校」)を開き、英語と裁縫を指導した。長崎で女子教育に尽力し、1893年(明治26)、75歳で死去した。

手まりと羽子板が刻まれた墓碑
リタ・ウィリアムズ

リタの墓碑の手まりと羽子板 ①

　リタはイギリス人の父ジェームズ・ウィリアムズと日本人女性の間に生まれた。両親は「我らが居留地レストラン」という飲食店を経営。リタはフランス系女子修道院で初等教育を受けすくすくと育ったが、1898年(明治31)わずか16歳で夭折。悲嘆に暮れる両親は、愛娘が遊んだであろう手まりと羽子板を墓碑の下に刻んだ。ジェームズはその2年後に亡くなり、娘と並んで眠っている。

長崎の洋楽普及に夫妻で貢献
オーガ・L・ジョーダン

オーガ・L・ジョーダンの墓碑 ①

　デンマーク生まれのオーガ・L・ジョーダンは、1891年(明治24)に大北電信会社の長崎支社に勤務のため来日し、1901年(明治34)に支社長に就いた。電気工学の専門家で1918年(大正7)に勲三等旭日章を日本政府から受章している。彼は居留地の催しで趣味のヴァイオリン演奏を披露。夫人は長崎初の長崎音協オーケストラを結成、指揮者として活躍。多くの日本人に楽器演奏を指導し、長崎の洋楽普及に夫妻で貢献した。

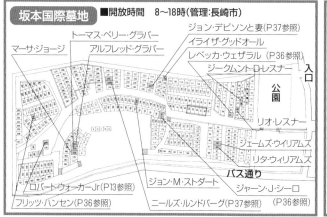

坂本国際墓地　■開放時間　8〜18時(管理:長崎市)

- マーサ・ジョージ
- トーマス・ベリー・グラバー
- アルフレッド・グラバー
- ジョン・デビソンと妻(P37参照)
- イライザ・グッドオール
- レベッカ・ウェザラル(P36参照)
- ジークムント・D・レスナー
- 入口
- 公園
- リオ・レスナー
- ジェームズ・ウイリアムズ
- リタ・ウィリアムズ
- バス通り
- ロバート・ウォーカーJr(P13参照)
- ジョン・M・ストダート
- ジャーン・J・シーロ
- フリッツ・バンセン(P36参照)
- ニールズ・ルンドバーグ(P37参照)　(P36参照)

新坂本国際墓地

- オーガ・L・ジョーダン
- 倉場富三郎と妻(P7参照)
- グラバーと妻(P7参照)
- アルミロ・C・ザ・ソーザ(P34参照)
- ウィルソン・ウォーカー(P12参照)
- マルセル・ジワローと妻(P55参照)
- ヴィクトール・ピナテール(P52参照)
- 入口

参考文献　『時の流れを超えて-長崎国際墓地に眠る人々-』レイン・アーンズ+ブライアン・バークガフニ(長崎文献社)
　　　　　『長崎居留地の西洋人』レイン・アーンズ(長崎文献社)
　　　　　『旅する長崎学5 キリシタン文化V』(長崎県企画／長崎文献社)

居留地めぐりのススメ

石尾 和貴 長崎県文化振興課

Kazutaka Ishio

　長崎歴史文化博物館には、長崎奉行所や長崎県などによって作成された、江戸時代から明治時代にかけての膨大な史料が収蔵されている。その中には、いわゆる「居留地時代」の史料も多数存在しており、これらを読み解くことで長崎居留地の様子がいきいきと浮かび上がってくる。これらの史料の一つに、外国人の名簿類がある。これら名簿類は居留地を研究する際の基礎的な史料で、長崎県立長崎図書館によって『幕末・明治期における長崎居留地外国人名簿』全3巻として活字化されている（以下、『名簿』と記す）。1862年（文久2）から1870年（明治3）までは、ほぼ毎月調査され、また、1876年（明治9）から1899年（明治32）までは基本的に年1回調査されている。調査項目は名前・国籍・地番で、中には職業について記載があるところもある。

ある年の居留地めぐり

　グラバー邸は、当時の地番では南山手3番にあったが、例えば『名簿』の1865年（慶応元）の記述を見ると、「南山手」の「三番」に「英　トーマスゴロウル」の借地があったことがわかる。「ゴロウル」はGloverをオランダ語読みしたものと思われ、グラバー邸は、まさに当時もグラバー邸だったのである。また、おもしろいことに、同年の「南山手・一番甲」の居住者を見ると、「英人　トーマスビゴロウル」（Thomas B．Glover）とあり、グラバーは「一番甲」に居住していたことがわかる。

　また、同年は、浦上の潜伏キリシタンたちが大浦天主堂を訪れて、「サンタ・マリアの御像はどこ？」と尋ねた、いわゆる「信徒発見」の年だが、『名簿』の「南山手・一番乙」（大浦天主堂が建つ場所）の居住者を見ると「仏人　ホットジャン」と記されている。信徒を発見したプチジャン（Petitjean）神父もきちんと登録されている。ちなみに、プチジャン神父については、『名簿』所収の「明治十七年長崎県居留地外国人死亡統計表」に死亡に関する記述がある。それによると、死亡の「原因」は「肺労」（＝肺結核）、「身上ノ有様」は「単独」（＝独身）、「職業」は「法教主」だった。

　その他にも、1865年の『名簿』を見ると、大浦7番には「英人　ヲールト（Alt）」、「大徳寺止宿」には「亜（アメリカ）人　フルベック（Verbeck）」の名前も見える。オランダ生まれのフルベックはアメリカ人として登録されていた。また「当時造作中御座候」や「建家御座候得共住人無之」、「未タ建家不仕候」、「当時茶製所造作中ニ御座候」（大浦26番乙）、「英礼拝堂取建居申候」（東山手11番）、「英コンシュル館可取建地所」（東山手13番）との記述もあり、形成途中の長崎居留地の様子がうかがえる。この様に、『名簿』をもとにして、ある年を決めて、記載された人物や内容を追いながら、具体的なイメージを持って居留地の散策を楽しむことができる。

ある人物を追う居留地めぐり

　さらにこの『名簿』は特定のある人物を追っていくと、新たな発見がある。

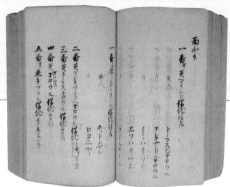

『長崎居留地外国人名簿』全3巻の内容は7冊ほどの古文書を活字化したもの。そのうちの1冊を開くと「トーマスビゴロウル」や「ホットジヤン」の名前が見える。

ユダヤ人墓地に眠るジークムント・D・レスナー（P42参照）が、『名簿』に登場するのは、1886年（明治19）のことで、「墺地利国（オーストリア）人」として登録されている。大浦16番地に住み、職業は「商」、妻と男女1人ずつの子どもと共に暮らしている（この2人の子どもは翌年以降記載が無くなる）。その後住居は、下り松41番地、大浦25番地、下り松42番地、梅香崎10番地と移り、職業も酒店、雑貨商などと記されている。国籍はオーストリアのままだった。1890年の『名簿』に名前がないので、日本を離れていたのかもしれない。

炭鉱技師のイギリス人、ジョン・M・ストダート（P42参照）は、『名簿』の1881年（明治14）に、高島炭鉱に居住する鉱山師と記されている。1883年の職業欄には三菱会社備機械師とある。住所は1887年からは浪ノ平山手（南山手）4番地、1890年からは浪ノ平山手27番地。また、妻の記載があるのも1890年からである。1889年の名簿に名前がないので正確な数字ではないかもしれないが、南山手27番地で妻との新婚生活を送ったのは、およそ3年ということになる。

大北電信社につとめたデンマーク人、オーガ・L・ジョーダン（P43参照）は、1893年（明治26）から『名簿』に登場する。住所は浪ノ平山手（南山手）8番地、職業は電信技師、妻と3人の息子がいた。1897年の職業の欄には、同社の副社長と記されているが、翌年は同社社員、翌々年は単に技師とだけ記されている（降格があったのか？）。生年月は

安政6年（1859）10月。この様に、『名簿』に書かれた人物（あるいは地番）を追っていくことで、長崎居留地におけるその人物の活動の様子をたどることができる。

長崎居留地の外国人名簿に書かれた年代、人物、地番などの情報を読み解くことで、具体的なイメージを持って、様々な形の居留地めぐりができることを書いてきた。長崎歴史文化博物館には他にも「居留地時代」の多くの古文書が収蔵されている。また、長崎で発行された英字新聞も収蔵されている。これらの資料に加え、国際墓地の墓碑に刻まれた銘文等をあわせて読み解くことで、これまでとは違った居留地めぐりができる。ぜひ、テーマを見つけて長崎居留地散策を楽しんでもらいたい。なお、長崎県立長崎図書館編『幕末・明治期における長崎居留地外国人名簿』全3巻は非売品です。長崎歴史文化博物館の資料閲覧室やお近くの公共図書館等でご覧ください。

長崎居留地時代に生まれた "恋愛物語"

明治期に繁栄した長崎居留地の存在は、外国人居住者が増えていくにつれて、外国人男性と日本人女性の間に数々の"恋愛物語"を生んだ。その中からある日記や逸話をもとにした小説や演劇、オペラなどの芸術作品が生まれ、長崎居留地を舞台にした"恋愛物語"は世界中につたわっていったのである。

小説『お菊さん』の舞台になった諏訪神社に隣接する長崎公園(通称諏訪公園)

Ⓚ小池徳撮影

長崎公園にあるピエール・ロチの顕彰碑

第1章

世界に長崎の名が知られた

オペラ「蝶々夫人」

三浦環

アメリカ海軍士官と日本人女性の悲恋を描く

1890年代の長崎。アメリカ海軍士官のピンカートンと士族の娘ながら芸者をしていた蝶々さんは、結婚仲介人の斡旋で結婚し、長崎港を見下ろす丘の洋館で新婚生活をはじめた。アメリカ総領事や蝶々さんの親戚など周囲は結婚に反対したが、蝶々さんはキリスト教に改宗し、2人は束の間の幸せな新婚生活を送る。しかし、まもなくピンカートンは帰国することになり、蝶々さんは生まれた子どもと一緒にピンカートンとの約束を信じ、3年間待ち続けた。だが、ようやく長崎に寄港したピンカートンには、すでにアメリカ人の妻がいた。蝶々さんの子どもを預かるというピンカートンの妻ケートの申し出にすべてを悟った蝶々さんは、ピンカートンと再会することなく自刃したのだった。

外国人男性と日本人女性の「日本式結婚」

居留地時代、長崎港に寄港する欧米各国の軍艦の乗組員たちの間には、寄港中に周旋人の紹介で遊女などの日本人女性と契約を結ぶ「日本式結婚」が広く知れ渡っていた。そのための施設が稲佐や十善寺郷(現在の十人町)、大浦外国人居留地に存在した。長崎居留地を舞台とした物語である『蝶々夫人』や『お菊さん』は、こうした時代背景と風俗から生まれたといわれる。

『原作蝶々夫人』ジョン・ルーサー・ロング著／古崎博訳(長崎ウエスレヤン短期大学)

原作の小説はコレル夫人の見聞談から生まれた

1891(明治24)年、長崎の鎮西学館(のちの鎮西学院)の校長に就任したアメリカ人の夫アービン・コレルとともにジェニー・コレルは東山手12番館に住んだ。小説『蝶々夫人』を著したジョン・ルーサー・ロングはコレル夫人の実弟。ロングはアメリカに帰国したコレル夫人の見聞談をもとにして小説を書き上げた。この長崎を舞台にした小説が劇化され、さらにオペラ化されたのである。

戦前のヨーロッパで活躍したオペラ歌手喜波貞子(きわていこ)がオペラ「蝶々夫人」の舞台で使用した衣裳。衣裳はすべて日本の母から贈られた本物の着物。この日本を演じきったオペラ歌手の生涯はグラバー園のリンガー邸内で紹介されている。(長崎市蔵)

イタリア人ジャコモ・プッチーニが作曲

　ジャコモ・プッチーニは1858年イタリア生まれ。ミラノ音楽院でオペラの作曲家をこころざし、その後、次々に傑作を生み出した。1900年にジョン・ルーサー・ロング原作の小説を劇化した「蝶々夫人、日本の悲劇」を観劇し、感銘を受けたプッチーニは、許可を得てオペラ化を決意した。ピンカートンを想い蝶々夫人が歌うアリア「ある晴れた日に」はあまりにも有名。プッチーニはオペラ音楽のなかに日本の旋律を取り入れている。

ジャコモ・プッチーニ

日本人で初めて「蝶々夫人」を演じた三浦環

　オペラ「蝶々夫人」に主演した日本人といえば、1884年（明治17）東京生まれの三浦環が代表的。東京音楽学校を卒業して渡欧、1915年（大正4）、ロンドンのオペラハウスで日本人初のプリマドンナとして「蝶々夫人」に出演した。その後、欧米各地で2000回以上も「蝶々夫人」を演じ、プッチーニにも絶賛された。彼女が1922年（大正11）に長崎でリサイタルを開いたとき、ちょうどオペラの原作となった小説を書いた作家ジョン・ルーサー・ロングの姉ジェニー・コレルが長崎を訪問中で、息子や三浦環らと一緒に南山手14番館（現在のオルト邸）に立ち寄っている。ここはコレル一家が以前長崎の東山手12番館に住んでいたころ、アメリカ領事館があった場所である。

「バタフライの子守唄　眠れ、愛し児よ。我が胸で眠れ。」と記されたプッチーニ直筆の楽譜（部分）（長崎市蔵）

ベラスコの劇をプッチーニがオペラ化

　小説『蝶々夫人』を劇化したのは、ニューヨーク・ブロードウェイでプロデューサーとして成功を収めていたデビッド・ベラスコ。彼は作家ロングに連絡を取り、劇化する許可を得て、1900年3月にヘラルド劇場で「蝶々夫人、日本の悲劇」の初演をおこなった。舞台は東洋の神秘と憧れを演出し、大成功を収めている。その翌月、この劇のロンドン公演をたまたま観劇していたのが作曲家プッチーニ。プッチーニは終演後に楽屋を訪ね、その場で劇のオペラ化を依頼したという。こうして1904年にミラノスカラ座で初演を迎えたオペラ「蝶々夫人」だったが、観客の不評を買い1回の上演で打ち切りとなってしまった。しかし、3ヵ月後に内容を変更しての再演は好評を博し、名作オペラ「蝶々夫人」の誕生となったのである。

ジョン・ルーサー・ロング

プッチーニ音楽祭で上演されたオペラ「Jr. バタフライ」

　「マダム・バタフライ」の息子「Jr. バタフライ」を主人公にした新作オペラ（全3幕）が日本で制作された。いわば『蝶々夫人』の続編である。内容は蝶々夫人が残した一人息子ジュニア・バタフライが、第二次世界大戦中に、日本人女性ナオミと恋に落ち、2つの祖国に揺れながら真実の愛を貫こうとする物語。作曲を三枝成彰、台本は島田雅彦が担当。この作品は2004年（平成16）に東京で初演され好評を博し、2年後にはイタリアでおこなわれた第52回プッチーニ音楽祭で上演された。この音楽祭でプッチーニ以外の作品が上演されたのは史上初めてのことだった。

デビッド・ベラスコ

参考文献　『時の流れを超えて-長崎国際墓地に眠る人々-』レイン・アーンズ＋ブライアン・バークガフニ（長崎文献社）
『長崎居留地の西洋人』レイン・アーンズ（長崎文献社）　『長崎県文化百選・海外交流編』（長崎新聞社）

フランス海軍士官の実体験から生まれた小説「お菊さん」

海軍士官兼作家の ピエール・ロチ

1850年生まれのフランス海軍士官ピエール・ロチは、1885（明治18）年と1900年（明治33）の2回日本に滞在した。『お菊さん』を著したのは最初の来日のときで、約1ヵ月間お菊さんのモデルとなった日本人妻お兼さんと過ごしている。

ロチは海軍士官として日本のほか東洋の国々を訪れ、その印象をもとに数々の小説、エッセイ、紀行文を書いた。

フランス海軍士官と日本人女性の短い「結婚生活」を描く

フランス人作家ピエール・ロチは海軍士官として日本を訪れ、長崎に滞在した。このとき、お兼さん（「お菊さん」のモデル）と暮らした日々を、日記風小説にした。物語は当時の西洋人の日本人観で描かれており、1885年（明治18）頃の長崎の美しい風景や住まい、日本人の習慣や暮らしぶりが細かく描写されている。当時の長崎港から眺めた長崎居留地周辺の様子について《領事館、税関、工場、ロシア軍艦が入っているドック》《高台の居留地と大きな別荘》《波止場にはアメリカ人向け酒屋（バー）》《後方のはるか彼方に幾千万の小さな黒ずんだ人家が奇妙な外観を呈して寄り集まっている》などという記述がある。

『お菊さん』ピエル・ロチ作／野上豊一郎訳（岩波文庫）

長崎公園にあるピエール・ロチ顕彰碑 ①

ピエール・ロチ住居図（末永胤生筆　長崎歴史文化博物館蔵）

　①inaho撮影

諏訪神社境内にあった硬玉の馬(青銅の神馬)　『華の長崎』(長崎文献社)より

ピエール・ロチ原作の
オペラ「ラクメ」

　2007年(平成19)、オペラ「ラクメ」の80年ぶりの日本公演が実現した。このオペラの原作者はピエール・ロチで、彼の小説『ロチの結婚』を題材にしたもの。「ラクメ」はバレエ「コッペリア」で有名なレオ・ドリーブの作曲で1883年にパリで初上演された。舞台は19世紀のイギリス占領下のインド。内容はイギリス人士官とバラモンの巫女ラクメとの悲恋物語である。

お兼さんとロチが住んだ寓居の地①

小説の舞台となったゆかりの地

　ピエール・ロチがお兼さんと暮らしたのは現在の十人町(十善寺)。ここには寓居跡の地の碑が建っている。

　小説には諏訪神社(オズヴァ)の茶屋(どんこう茶屋)や境内にある大きな硬玉の馬、八坂神社(大音寺)の賑やかな夜祭りなどが描かれている。また、《ナガサキのよく流行る写真屋のウエノ》という上野写真館で記念写真を撮ったという記述もある。現在、諏訪神社の長崎公園にはフランス文学者辰野隆の銘が刻まれた「ロチ顕彰碑」が建っている。

夏の夜祭りのモデルは八坂神社の祇園祭と思われる①

『ロチのニッポン日記ーお菊さんとの奇妙な生活』

　ロチの遺族が残していた未発表の日本の滞在日記や写真を、1975年に渡仏した現代フランス文学者の船岡末利が発見し、4年後に『ロチのニッポン日記ーお菊さんとの奇妙な生活』(有隣新書)に編訳し発表した。

　表紙には遺族から提供を受けたロチ(右)とピエール(小説ではイヴ)とお兼さん(お菊さんのモデル)と思われる日本人女性の写真が掲載されている。日記によるとこの写真は1885年(明治18)7月29日に上野彦馬の写真館で撮影されたもの。日記には小説『お菊さん』と似た記述がいくつも登場している。つまり、ロチ自身が書き記した日記をもとにして小説『お菊さん』は生まれたのである。

『ロチのニッポン日記ーお菊さんとの奇妙な生活』(有隣新書)

参考文献　『時の流れを超えて-長崎国際墓地に眠る人々-』レイン・アーンズ+ブライアン・バークガフニ(長崎文献社)
　　　　　『長崎居留地の西洋人』レイン・アーンズ(長崎文献社)　『長崎県文化百選・海外交流編』(長崎新聞社)
　　　　　『お菊さん』ピエル・ロチ(岩波文庫)　『ロチのニッポン日記ーお菊さんとの奇妙な生活』船岡末利編訳(有隣新書)
　　　　　『華の長崎』ブライアン・バークガフニ編著(長崎文献社)

ヴィクトール・ピナテール

第3章

居留地時代のロマンス
本当にあった恋愛物語

長崎居留地で実際に生まれた恋愛には、外国人男性と遊女や芸妓の間で紡がれた物語がある。その中から長崎の人々によって語りつがれてきた「実話」を紹介しよう。

異国人と丸山遊女の短い恋
ヴィクトール・ピナテール

ヴィクトールは父の経営するピナテール商会を手伝うため1863年(文久3)に長崎に来たフランス人実業家。ボルドー産のワイン販売で売上を伸ばした父の死後は、弟のシャルルとともに会社を引き継いだ。このピナテール商会は、大浦天主堂創建の際に資材の一部を輸入した会社でもある。ヴィクトールは丸山の「角の油屋」(屋号)の遊女正木と結婚したといわれるが、正木は結婚からわずか3年後に病死。日本人妻の急死に悲嘆にくれ、

ヴィクトール・ピナテールの墓碑①

角の油屋から買い受けた朱塗りの箱枕を、正木の形見として大切にしながら、出島で長年の隠とん生活を送ったとされる。彼は1922年(大正11)に出島の自宅で75歳の生涯を閉じ、新坂本国際墓地に埋葬された。

歌人斎藤茂吉は晩年のピナテールと交友を結び、彼の情熱に打たれて《寝所には括枕のかたはらに朱の筥枕置きつつあはれ》という歌を詠んでいる。

P43 地図

明治7年の海上からの出島パノラマ組写真(長崎大学附属図書館蔵)

①inaho撮影

「玉菊」と「八ツ橋」、墓碑に刻まれた芸妓の名

グスターフ・ウィルキンズ ヤナス・ラインフート

　稲佐悟真寺国際墓地のグスターフ・ウィルキンズとヤナス・ラインフートの墓の共通点は、墓碑を建てた恋人の日本人芸妓の名が刻まれていること。アメリカ人のウィルキンズは、貿易商社「カール・ニクル商会」の共同経営者で、1869年（明治2）に37歳で死去。ラインフートはオランダ人で、外国人居留地自治会の警官だったが、1870年（明治3）に53歳で亡くなり、悟真寺のオランダ人墓地最後の埋葬者となった。ウィルキンズの墓には「玉ぎく」、ラインフートの墓には「八ツ橋」の名がそれぞれ刻まれている。

P41 地図

グスターフ・ウィルキンズの墓碑①

「津国屋内玉ぎく」の文字が刻まれている

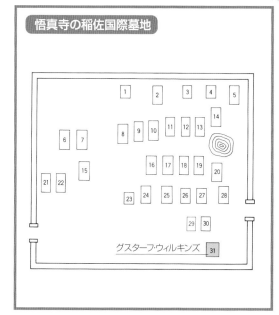
悟真寺の稲佐国際墓地

ヤナス・ラインフートの墓碑。側面に「八ツ橋」の文字が見える①

参考文献 『時の流れを超えて-長崎国際墓地に眠る人々-』レイン・アーンズ+ブライアン・バークガフニ（長崎文献社）『長崎居留地の西洋人』レイン・アーンズ（長崎文献社）『長崎県文化百選・海外交流編』（長崎新聞社）『長崎異人街誌』浜崎国男（葦書房）

長崎居留地に残る実話の恋愛ドラマ

長崎総合科学大学教授
ブライアン・バークガフニ　*Brian Burke-Gaffney*

長崎に外国人居留地があった時代には、長崎を舞台にした2つの有名な著作が生まれた。ピエール・ロティの『お菊さん』とジョン・ルーサー・ロングの短編『蝶々夫人』である。『お菊さん』は当時の長崎の風俗産業について皮肉を交えて描いた旅行記。その『お菊さん』のタイトルやストーリーを参考にしたと思われる物語が、のちにオペラで脚光を浴びることになる『蝶々夫人』であろう。

このような世界的に有名になった文学の世界もあるのだが、長崎の歴史の中の人間関係から生まれた恋愛には、私たちの心に静かに語りかけてくる、ドラマチックで美しい実話があるのも事実である。ここでは、長崎居留地に残る実話の中からいくつか印象的なエピソードを紹介してみることにしたい。

最愛の妻と共に日本人墓地に眠る

スコットランドのアバディーン出身のジョン・S・マッシーは、トーマス・B・グラバーの親友だった。彼は、1864年(元治元)長崎に来航してグラバー商会などの商社に勤務したのち、1872年(明治5)には梅香崎6番地にインターナショナル・ホテルを創業するなど、居留地で活躍し成功した外国人のひとりである。

マッシーは永川リンという日本人女性と結婚し、居留地ではなく十善寺郷(現十人町)の日本人居住区に妻とともに長く暮らした。第一線を退いてからも島原へ出かけて釣りを楽しむなど、悠々自適の生活を送っている。

1917年(大正6)、マッシーはついに78年の生涯を閉じたが、その際、長年連れ添ったリンは、夫の墓碑を国際墓地ではなく日本人墓地に建てた。その日本式の墓碑にはマッシーの名前が片仮名で刻まれたのである。現在このマッシーの墓碑は、十人町と東山手の後方の高台から長崎港を見下ろす場所に建ち、最愛の妻永川リンの名前も刻まれている。

愛する妻や家族のために決断した国際結婚

日本で正式な国際結婚が認められたのは1873年(明治6)のことである。居留地時代の長崎県外事課『内外人許婚人名簿』(長崎歴史文化博物館蔵)には、国際結婚の記録が残されている。それによれば、ロバート・N・ウォーカーは、神戸から長崎居留地に移り住んだ直後の1886年(明治19)に、東京の北品川出身の福田サトと正式な結婚の手続きをおこなっている。このころ、日本人妻と正式に入籍しない外国人男性が多いなか、この記録ひとつをとってみても、ロバートの妻と家族への愛情の深さがつたわってくる。

のちにロバート一家はイギリスへ帰国し、サトは9人の子どもに恵まれたが、メリーポートの自宅で36歳の若さで死去した。ロバートは1895年(明治28)、子どもたちを連れて妻の母国である日本に再来航、3年後に長崎にもどりR・N・ウォーカー商会を経営し、のちに

カナダに移住する直前のロバート・N・ウォーカー一家。
1908年(明治41)東山手のロバート・N・ウォーカー邸にて(ウォーカー・アルバート氏提供)

ロバート・N・ウォーカーとサト夫妻。1888年(明治21年)撮影(デリック・ウェート氏提供)

カナダに移住した。彼は妻の死後1941年(昭和16)に90歳で亡くなるまで再婚するもことなく、亡き妻サトと9人の子どもたちへの愛を生涯貫いたのである。

日本人妻が夫の墓碑に刻んだメッセージ

長崎市坂本町にある新坂本国際墓地には居留地に住んだ外国人男性とその日本人妻の墓が多く建っている。しかし残念なことに、そのほとんどがいまは忘れ去られている。墓碑群には短い詩や宗教的な語句が綴られているのが一般的なのだが、1957年(昭和32)に73歳で亡くなったフランス人マルセル・ジワローの墓は少し違っていた。

ジワローの日本人妻クニは最愛の夫のために墓碑を建て、フランス語で

「Je suis la avec vous. Je vous aime.

(私はずっとあなたと共に、そしてあなたを愛しています)」

という心にふれる愛のメッセージを墓碑に刻んだのである。そのクニは1979年(昭和54)に81歳でこの世を去り、ジワローと同じ墓に眠っている。P43 地図

このように調べていくと、国籍や人種の壁を越えて長崎居留地から生まれた真の愛の物語は多い。ジワローの墓碑に刻まれたクニのメッセージを一読すれば、『蝶々夫人』に見る愛と信頼、長崎でこれまで大切に培われてきた純粋な国際交流の精神が、本当にこの世にあることを確信することができるだろう。

これからも日常の輝きに満ちた美しい真実の物語が世に知られるようになってほしいと願っている。

日本の近代化に大きな影響を与えた長崎居留地

長崎居留地に住んだ外国人商人らが関係した事業の多くは、明治以降の日本近代化に貢献した。ここではその中からいくつか挙げて紹介する。

明治10年頃のそろばんドックでの船の巻上げの図

そろばんドック　P6参照

　日本最初の洋式スリップ・ドックが小菅修船場。船を引き揚げる滑り台がそろばん状に見えるので通称そろばんドックといった。外国船の修理を目的として、トーマス・B・グラバーが薩摩藩士（五代才助〈のち友厚〉・小松帯刀）の計画に協力し、海外から最新機器を取り寄せ、1868年（明治元）に完成した。グラバーが管理したドックを翌年明治新政府が買収し、官営長崎製鉄所の付属施設となった。のちにこの官業は民営に移管され三菱造船所となった。小菅修船場跡は、世界遺産「明治日本の産業革命遺産」の構成資産のひとつである。

高島炭鉱（長崎歴史文化博物館蔵）

近代炭鉱　P6参照

　安政の開国で外国船の入港が増え、燃料の石炭の需要が増した。佐賀藩は領地の高島における石炭開発の事業契約をグラバーと結んだ。こうして誕生した高島炭鉱は、日本で初めて蒸気を使った洋式採炭法を導入した近代炭鉱である。高島炭鉱はその後、いったん官営になり、1881年（明治14）に岩崎弥太郎の三菱が買収した。以降、日本各地に近代炭鉱が誕生し、石炭は日本の重要な燃料となっていった。

「我が国鉄道の発祥の地」碑①

鉄道　P6参照

　1865年（慶応元）、グラバーは居留地の海岸通りにレールを敷き、イギリス製の蒸気機関車アイアン・デューク号を試走させた。この機関車は上海の展示会で買い取り、取り寄せたものといわれる。2両の客車に人々を乗せ、現在の長崎市立市民病院前から松が枝までの約600mを、黒い煙を吐きながら走らせた。当時の平松儀右衛門（P14参照）の3月17日の「道中日記」に《陸蒸気船》が走ったことが記されている。
　新橋―横浜間に正式に鉄道が開通する7年前のことである。

西洋式ホテル P8・P12・P36参照

　日本最初の西洋式ホテル「コマーシャル・ハウス」は大浦25番地にあった。このホテルはアメリカ人女性キャロライン・ウィークスが1862年（文久2）に開業したもの。

　以後、居留地の大浦地区には「オリエンタル・ホテル」「ベルビュー・ホテル」などのホテルが建ち、大型客船が入港するようになった明治20年代から30年代にかけて、「ジャパン・ホテル」「ホテル・デ・フランス」「ナガサキ・ホテル」などの豪華なホテルが建設された。

ホテル・デ・フランス『華の長崎』（長崎文献社）より

国際電信 P43参照

　1871年（明治4）、デンマークの大北電信会社が、ロシア政府の認可を得て、長崎－上海間と長崎－浦塩（ウラジオストック）間に海底ケーブルを敷設し、大浦にあった「ベルビュー・ホテル」の一室を借りて、日本最初の国際電信局を開設した。

ベルビュー・ホテル跡地にある「国際電信発祥の地」碑①

英字新聞 P8参照

　日本最初の英字新聞は、イギリス人アルベルト・W・ハンサードが1861年（文久元）6月22日に創刊した「The Nagasaki Shipping List and Adver-tiser」（週2回発行）。内容は主に長崎港の出入港船のリストや広告。ほかに海外情報や長崎のローカル情報も少し掲載された。

　大浦の外国人居留地でポルトガル人のエフ・ブラガは、1870年（明治3）に英字週間新聞「ナガサキ・エキスプレス」を創刊した。その後、同紙は1873年（明治6）に「ライジングサン・アンド・エキスプレス」、1878年（明治11）には「キューシュータイム」と改題されたが、フレデリック・リンガーが明治1897年（明治30）に買収して「ナガサキ・プレス」と改め日刊紙となり、1929年（昭和4年）に廃刊になるまで発行された。

「The Nagasaki Shipping List and Advertiser」創刊号

参考文献　『長崎県文化百選・事始め編』（長崎新聞社）
『長崎県文化百選・海外交流編』（長崎新聞社）
『長崎異人街誌』浜崎国男（葦書房）

現在の長崎港のヨットハーバー①

ヨット　　　　　　　　　　P10参照

　1861年(文久元)7月、英字新聞「The Nagasaki Shipping List and Advertiser」に長崎居留地でイギリス商人ウィリアム・オルトが発注したヨットが建造されたという記事が掲載された。このセーリング用の帆船が日本で最初に造られたヨットとされている。同年、居留地の外国人のためのボートレース「長崎レガッタ」が開催され、長崎居留地の恒例行事となった。

「わが国ボウリング発祥の地」の記念碑①

ボウリング　　　　　　　　P57参照

　1861年(文久元)6月、英字新聞「The Nagasaki Shipping List and Advertiser」にボウリング場オープンの広告が掲載され、居留地に住む外国人のための娯楽施設として、日本で初めてボウリングがはじまった。
　日本ボウリング協会は広告の日付、6月22日をボウリングの日に制定し、1990年(平成2)に「わが国ボウリング発祥の地」の記念碑を建てている。

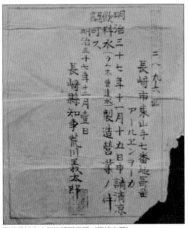
長崎県知事の製造認可書類（長崎市蔵）

清涼飲料水　　　　　　　　P12参照

　ロバート・N・ウォーカーは、清涼飲料水の製造販売会社を設立。1904年(明治37)に「バンザイサイダー」や「バンザイレモネード」などの製造販売をはじめた。小曽根町にある宝製綱の建物はその工場跡。
　明治時代、洋酒とならんで清涼飲料水はハイカラな飲物として庶民に人気があった。炭酸水と砂糖と香料で味付けした飲み物は、のちに王冠を蓋にしたものをサイダー、ビンの中のビー玉を栓にしたものをラムネとよぶようになった。

貿易商社経営の華僑の人々。前列左から3人目が秦益号2代目(陳東華氏提供)

秦昌号　　　　　　　　　　P28参照

　1862年(文久2)の長崎居留地外国人名簿に「秦昌号(のちの秦益号)」という貿易商社の名前が出てくる。この記述で居留地造成の初期に唐人屋敷から居留地に移動した中国人の存在が確認された。現在、文久元年から昭和15年まで80年間(1861〜1940)の「秦昌号」の帳簿などが残っており、約2万5千通の書簡から取引の範囲や詳細を知ることができる貴重な史料である。

長崎内外倶楽部 P7・P8参照

「長崎内外倶楽部」の事務所のあった建物①

諸外国との条約改正で1899年（明治32）に長崎居留地が廃止され、外国人の市内雑居がはじまった。そこで長崎の政財界の著名人の呼びかけで「長崎内外倶楽部」という日本人と外国人の親睦を図る男性クラブが結成された。最初の会合には日本人125名、中国人5名、欧米人20名が出席、1903年（明治36）には事務所を出島7番地（リンガーの所有地）の新築洋館に移転した。第二次世界大戦前までクラブの活動は続いた。クラブの中心メンバーにはリンガー商会勤務の倉場富三郎がいた。

なお、居留地時代には大浦に「ナガサキ・クラブ」という交流クラブがあったが、日本人は特別な招待客か居留地勤務の従業員しか出入りできなかった。

大浦慶 P10参照

大浦慶

大浦慶は1828年（文政11）、幕末期の長崎に、油問屋の旧家の娘として生まれた。彼女は製茶輸出事業を思いつき、1853年（嘉永6）、出島商館のオランダ人テキストルに茶の見本を託し、販路を求めてアメリカ、イギリス、アラビアの三ヵ国に送った。そして3年後にイギリス商人オルトから大量の注文を受け、彼女は日本人として初めて製茶1万斤（約6トン）を海外に輸出し成功を収めた。1884年（明治17）4月、当時の明治政府より、「製茶貿易業の開拓者」として茶業振興功労褒賞と功労賞金20円の授与が決まった。

長崎市油屋町の生家跡には顕彰碑がある。

道永エイ（稲佐お栄） P23参照

道永エイを顕彰する「お栄さんの道」碑①

稲佐お栄こと道永エイは天草生まれ。茂木の宿の女中をしていたエイは、20歳のころ、稲佐のロシア人将校クラブの雇い人となった。社交上手のエイはロシア海軍の将校たちに評判がよかった。22歳のときはロシア軍艦に艦長の許可を得てボーイの名目で乗船し、ウラジオストックに渡り、持参した真珠を売るなどして大金をつかんだ。それからロシア社交界で有名になり、31歳までロシアに滞在し帰国した。1891年（明治24）4月には長崎を訪れたロシア皇太子ニコライを接待している。

長崎市大鳥町には日ロの国際親善に尽力したお栄を顕彰する碑がある。

参考文献 『長崎県文化百選・事始め編』（長崎新聞社）
『長崎県文化百選・海外交流編』（長崎新聞社）
『長崎異人街誌』浜崎国男（葦書房）

長崎居留地における国別人数 (明治9年以降)

国別 明治	英 イギリス	米 アメリカ	仏 フランス	澳 オーストリア	独 ドイツ	露 ロシア	丁 デンマーク	葡 ポルトガル	白 ベルギー	蘭 オランダ	伊 イタリア	清 中国
9年12月31日	131	39	21	7	15	8	13	5		4		616
10年12月31日	113	32	14	17	16	7	13	5		6	7	579
11年12月30日	113	32	14	17	16	7	13	5		6	7	480
12年12月	105	40	21	6	16	5	10	2	1	3	2	568
13年12月31日	104	35	20	10	19	11	10	4	1	2	5	550
14年12月31日	101	39	26	7	15	19	6	6	1	1	9	605
16年 1月1日	94	32	33	12	17	17	7	4	1	1	6	601
16年12月31日	94	37	34	19	13	17	8	4	1	5	4	659
17年12月31日	73	41	27	18	18	13	8	6	2	2	5	647
18年12月31日	71	38	25	28	13	18	9	9	2	4	5	644
19年12月31日	95	60	33	25	11	5	11	7	2	6	5	692
20年12月31日	93	71	33	31	13	7	20	7	2	2	4	722
21年12月31日	96	71	34	28	16	17	21	9	2	8	4	699
22年12月31日	104	77	37	23	24	40	25	9	2	7	4	701
23年12月31日	91	73	37	20	20	27	17	9	1	3	3	692
24年12月31日	99	66	43	14	22	47	19	10	2	3	4	674
25年12月31日	82	51	49	11	17	55	12	10	2	3	5	620
26年12月31日	87	56	52	25	20	73	18	11	2	4	2	610
27年12月31日	91	58	67	18	19	91	13	14	2	5	2	283
28年12月31日	114	77	64	20	22	160	14	11	2	6	2	543
29年12月31日	125	81	70	21	20	231	14	9	2	8	5	706
30年12月31日	111	103	66	29	21	235	6	9	2	11	5	711
31年12月31日	118	99	77	24	27	173	9	9	2	10	6	824
32年12月31日	117	106	77	30	54	105	12	17	3	6	5	1,146
(日付記載なし)	91	112	76	40	64	100	11	15	3	14	6	1,144

背景の写真はロバート・N・ウォーカー一家。1908年(明治41)東山手のロバート・N・ウォーカー邸にて(ウォーカー・アルバート氏提供)

端典	諾	端西	西	希	土	亜然	羅馬	モンテネグロ	波	ジャワ	朝鮮	無国籍	合計
スウェーデン	ノルウェー	スイス	スペイン	ギリシャ	トルコ	アルゼンチン	ルーマニア		ポーランド				
3													862
1													810
1													711
													779
													771
	1												836
	1	3											829
7		4											906
													864
													866
													952
													1,005
													1,005
1													1,054
													993
													1,003
													917
													960
													663
				2	1							3	1,041
4													1,296
3			2										1,314
8			2										1,388
10	1				2	3	5	2	7	1		2	1,711
10	1		2		2	3	6	1			3	2	1,706

出典 『幕末・明治期における　長崎居留地外国人名簿』（長崎県立長崎図書館編）

至伊王島・高島

■三菱重工長崎造船所史料館
飽の浦町
■三菱重工長崎造船所
水の浦町

国分町

大島町

稲佐悟真寺国際墓地(P.40)
お栄さんの道(P.23/59)
悟真寺(P.40)
ロシア人村跡(P.23)⑨

●小菅修船場跡(P.56)
(そろばんドック)

至小ケ倉・野母崎

西琴平町
浪の平町
東琴平
南山手町
小曽根町

長崎港

国際観光ふ頭

旭町
202

旭大橋

長崎港
ターミナルビル

JR

長崎県庁
■長崎県警

鍋冠山公園
鍋冠山

グラバー園(P.6)

大浦天主堂

旧香港上海銀行
長崎支店(P.23)
旧長崎税関下り松派出所(P.22)

長崎水辺の森公園

元船町

長崎港
丸尾町

長崎駅前
五島町電停

出雲
上田町

大浦天主堂電停
石橋電停
東山手洋風住宅群(7棟)

大浦川
大浦海岸通電停
常盤町
孔子廟(P.29)
梅香崎中

旧長崎英国領事館(P.22)出島電停
メディカルセンター電停
長崎県美術館

出島町
表門橋

大波止電停

長崎駅前

五島町
中

大浦国際墓地(P.38)

東山手町
海星高・中
東山手十二番館(P.23)
活水女子大
新地町
出島和蘭商館跡

万才町
築町

金屋町

桜町電停

川上町
元町
中新町
どんの山

十人町
唐人屋敷跡(P.28)
新地中華街電停

西浜町電停
新地中華街電停
籠町
館内町

西浜町アーケード電停
観光通電停

浜町
万屋町

長崎市役所

桜町

王町

めがね橋電停

眼鏡橋
長崎
市役所

桜町小
長崎歴史
文化博物館

椎の木町

稲田町

仁田佐古小
花月

丸山町

油屋町

大浦慶居宅跡(P.10/59)

恵美須町電停

市民会館電停
長崎
市民会館

我が国初の経緯度
原点確定の地(P.25)

高島秋帆旧宅

324

大浦中
南町

上小島
中小島

大音寺
崇福寺電停

諏訪神社前

八坂神社(P.51)

晧台寺
寺
町

興福寺(P.30)

中
島
田

馬

諏訪神社電停

八幡町

伊勢

真鼻

伊王島灯台(P.24)
伊王島灯台記念館(P.24)

清水寺

鍛冶屋町

風頭公園

新大工町電停

伊良林

至星取・唐八景

星取山
無線中継所
市民霊園
星取(一)

金星観測地点
(P.25)
星取(二)

■あたご自動車学校

田上(四)

324

N Z

伊王島
伊王島(一)

伊王島中・小
伊王島行政センター

伊王島(二)
沖之島

風頭山
風頭町

N Z

新中川町電停

矢の平

宝茶屋

至日見・諫早

《関連施設データ》

グラバー園

■所在地／長崎市南山手町8-1　■電話／095-822-8223
■開園時間／8:00〜18:00(夜間開園期間あり)
■休園日／年中無休
■入園料／一般620円、高校生310円、小・中学生180円

孔子廟・中国歴代博物館

■所在地／長崎市大浦町10-36　■電話／095-824-4022
■開館時間／9:30〜18:00　■休館日／年中無休
■入館料／一般660円、中・高生440円、小学生330円

出島和蘭商館跡

■所在地／長崎市出島町6-1　■電話／095-821-7200
■開館時間／8:00〜21:00　■休館日／年中無休
■入館料／一般520円、高校生200円、小・中学生100円

伊王島灯台記念館

■所在地／長崎市伊王島町1丁目3240-1
■電話／095-898-2011　■開館時間／9:00〜17:00
■休館日／月曜日　■入館料／無料

旧香港上海銀行長崎支店記念館

■所在地／長崎市松が枝町4-27　■電話／095-827-8746
■開館時間／9:00〜17:00　■休館日／第3月曜日
■入館料／一般・高校生300円、小・中学生150円

旧長崎税関下り松派出所(べっ甲工芸館)

■所在地／長崎市松が枝町4-33　■電話／095-827-4331
■開館時間／9:00〜17:00　■休館日／12月29日〜1月3日
■入館料／一般・高校生100円、小・中学生50円

東山手十二番館(旧居留地私学歴史資料館)

■所在地／長崎市東山手町3-7　■電話／095-827-2422
■開館時間／9:00〜17:00
■休館日／月曜日、12月29日〜1月3日　■入館料／無料

東明山 興福寺

■所在地／長崎市寺町4-32　■電話／095-822-1076
■拝観時間／7:00〜17:00
■拝観料／一般300円、中・高生200円、小学生以下100円

長崎歴史文化博物館

■所在地／長崎市立山1丁目1-1　■電話／095-818-8366
■開館時間／8:30〜19:00(12月〜3月18:00)■休館日／第3月曜日
■入館料／一般630円、小・中・高生310円

【資料提供・取材協力】

■長崎歴史文化博物館
■長崎大学附属図書館
■長崎市
■長崎市グラバー園
■孔子廟・中国歴代博物館
■長崎福建会館理事長　陳東華
■長崎総合科学大学教授　ブライアン・バークガフニ
■大浦青年会　桐野耕一
　（順不同、敬称略）

旅する長崎学9　近代化ものがたりⅢ 西洋と東洋が出会った長崎居留地

発　行　日	2008年4月21日　初版発行　2011年10月17日　第2刷発行 2016年6月10日　第3刷発行　2020年7月1日　第4刷発行
企　　　画	長崎県
アドバイザー	ながさき歴史発見・発信プロジェクト推進会議(座長：市川森一)
発　行　人	中野廣
編集・発行	株式会社　長崎文献社 〒850-0057　長崎市大黒町3-1-5F TEL095-823-5247　FAX 095-823-5252 URL http://www.e-bunken.com
編　集　人	堀憲昭
構　成・文	小川内清孝
デ ザ イ ン 地図デザイン	有限会社　パームスリー ミート・デザイン工房
印　　　刷	株式会社　インテックス

©2008 Nagasaki Bunkensha,Printed in Japan
ISBN978-4-88851-340-1 C0021

長崎県の歴史と旅の遊学サイト

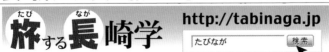

http://tabinaga.jp

たびなが　[検索]

長崎県の歴史・文化の魅力が満載「たびなが」！新しい長崎を発見しませんか。

Daiwa House ®

大和ハウスグループ

共に創る。共に生きる。

大和ハウスグループは、

グループシンボル「エンドレスハート」に

お客様と私たちの永遠の絆と

私たちグループの連帯感を託しました。

人・街・暮らしの価値共創グループとして、

私たちは社会に新しい価値を築いてまいります。

人・街・暮らしの価値共創グループ

大和ハウス工業株式会社　長崎支店

長崎県長崎市平野町4番26号　〒852-8117

Tel　095-843-7020　　Fax 095-843-7025

旅する長崎学シリーズ　全21巻完結

キリシタン文化編
① 長崎で「ザビエル」を探す　本体600円
② 長崎発ローマ行き、天正の旅　本体600円
③ 26聖人殉教、島原の乱から鎖国へ　本体800円
④ 「マリア像」が見た奇跡の長崎　本体600円
⑤ 教会と学校が長崎の歴史を語る　本体600円
⑥ キリシタン文化の旅　長崎へのいざない　本体800円

近代化ものがたり編
⑦ 長崎は「知の都」だった　本体600円
⑧ 長崎は野外産業博物館　本体600円
⑨ 西洋と東洋が出会った外国人居留地　本体600円
⑩ レトロ長崎おシャレ発信地　本体600円

海の道編
⑪ 壱岐　海上の王国　旅人の交差点　本体600円
⑫ 対馬　海神の島　大陸交流のかけ橋　本体600円
⑬ 五島列島　西海に生きた武士と国際交流の足跡　本体600円
⑭ 平戸・松浦　海原のジャンクション　癒しの島々をめぐる　本体600円
⑮ 島ガイド　島々への道 971の日本一島王国　本体600円
⑯ 中国交流編　唐船来航の道　本体600円
⑰ 中国交流編　近代友好への道　本体600円

歴史の道編
⑱ 平戸街道ウォーキング　本体600円
⑲ 島原街道ウォーキング　本体600円
⑳ 長崎街道ウォーキング　本体600円
㉑ 長崎街道・脇往還ウォーキング　本体600円

※すべて刊行ずみ、在庫ございます。

長崎游学シリーズ　随時刊行

① 原爆被災地跡に平和を学ぶ　長崎文献社編　本体1000円
② 長崎・天草の教会と巡礼地完全ガイド　カトリック長崎大司教区監修　本体1600円
③ 長崎丸山に花街風流　うたかたの夢を追う　*韓国語版 本体800円　山口広助　本体800円
④ 軍艦島は生きている！　軍艦島研究同好会監修　本体800円
⑤ グラバー園への招待　ブライアン・バークガフニ編　本体1000円
⑥ 「もってこーい」長崎くんち入門百科　長崎くんち塾編著　本体1000円
⑦ 島原半島ジオパークをひと筆書きで一周する　寺井邦久著　本体1000円
⑧ 「日本二十六聖人記念館」の祈り　日本二十六聖人記念館監修　本体1000円
⑨ 出島ヒストリア　鎖国の窓を開く　長崎文献社編　本体1000円
⑩ 三菱重工長崎造船所のすべて　「史料館」に見る産業遺産　長崎文献社編　本体1000円
⑪ 五島列島の全教会とグルメ旅　下口勲神父監修　長崎文献社編　本体1000円
⑫ ヒロスケ長崎ぶらぶら歩き　山口広助　本体1000円
⑬ ヒロスケ長崎のぼりくだり　山口広助　本体1500円
⑭ 長崎文学散歩　中島恵美子　本体1000円

長崎文献社
〒850−0057 長崎市大黒町3−1 長崎交通産業ビル5階
TEL095-823-5247　FAX095-823-5252

まだ見たことのない
特別な長崎に
逢える場所。

長崎を箱庭のように眺めることができる絶好のロケーションに佇むガーデンテラス長崎ホテル&リゾート。
オーシャンビューのゲストルームから外を眺めると、世界新三大夜景である長崎の煌めく街の明かりが海面に映り込む
幻想的な風景が広がる。また、豊かな自然と温暖な気候に恵まれた四季折々の旬を楽しめる「食の宝庫」長崎ならではの
山海の幸を使った料理を、施設内にあるテーマの異なった4つのレストランで味わい尽くす。
ゆったりとした時が流れる、「ここにしかない極上の長崎」をご体感ください。

GARDEN TERRACE NAGASAKI
HOTELS & RESORTS

メモリードグループのホテル（九州）

ガーデンテラス長崎ホテル&リゾート
長崎県長崎市

長崎ロイヤルチェスターホテル
長崎県長崎市

長崎あぐりの丘高原ホテル
長崎県長崎市

ホテルフラッグス諫早
長崎県諫早市

ヴィラテラス大村ホテル&リゾート
長崎県大村市

ホテルフラッグス九十九島
長崎県佐世保市

九十九島シーサイドテラスホテル&スパ花みずき
長崎県佐世保市

五島コンカナ王国ワイナリー&リゾート
長崎県五島市

雲仙湯守の宿 湯元ホテル
長崎県雲仙市

武雄温泉 森のリゾートホテル
佐賀県武雄市

ガーデンテラス佐賀ホテル&マリトピア
佐賀県佐賀市

ガーデンテラス宮崎ホテル&リゾート
宮崎県宮崎市

http://www.memolead.co.jp

総合本部 長崎県西彼杵郡長与町高田郷1785-10 TEL.095-857-1777

株式会社メモリード
【九州】

本社／長崎県長崎市梅香町2-2　☎095-857-1777
福岡事業部／福岡県福岡市中央区警固3-5-7　☎092-737-7000
佐賀事業部／佐賀県佐賀市天神1-1-24　☎0952-97-8883

株式会社メモリード
【関東】

本社／群馬県前橋市大友町1-3-14　☎027-265-1777
埼玉事業部／埼玉県川越市広栄町11-9　☎049-241-0969
メモリード東京／東京都世田谷区砧2-4-27　☎03-5727-3388